遠ざかる風景
私の刑事法研究

浅田和茂［著］

成文堂

はしがき

　私は1946年9月13日に北海道美唄市で出生し、本年（2016年）古稀を迎えるに至った。誠に身に余ることであるが、友人や後輩の方々が、成文堂のご好意の下に古稀祝賀論文集を出版して下さることになり、さらにお祝いの会を催してくださるという。はたしてお返しになるのか心許ないが、私の刑事法研究を振り返り、お世話になった先生や先輩への追悼文などを掲載し、折々の雑感を集めた冊子を作成して、論文集に執筆して下さった方やお祝いの会に来て下さった方やお世話になった方にお渡しし、他の方にも読んでいただきたいという希望を、成文堂の阿部成一社長にお伝えしたところ、ご了解をいただいた。成文堂には想定外のご負担をかけることになってしまい、申し訳ない次第であるが、甘えさせていただくことにした。なお、収録した文章はいずれも（誤字の訂正の他は）発表当時のままであり、重複する部分もそのままにしたので、読んで気になるところもあろうかと思われるが、ご容赦いただきたい。

　第Ⅰ部には、①「私の刑事法研究・39年──『途上としての学問』について──」を掲載した。これは、私が大阪市立大学を退職するにあたって行った退職記念講演の記録である。その末尾に述べたように、最近の日本には「不寛容」の気風が濃厚である。学問の発展、社会の発展には、「寛容」が欠かせないと考える私としては危機感を覚えざるをえない。②「恵まれた28年間に感謝」は、同じ時期に書いたもので、必ずしも刑事法研究に関するものではないが、率直な

大阪市大の思い出である。

　第Ⅱ部には、恩師・先生・先輩へのお祝いや追悼文で、刑事法関係の方に関するものを収めた。
　その1は、佐伯千仞先生である。私は、1965年に京都大学法学部に入学し1969年に修士課程に進んだが、その際に、たまたま佐伯先生の指導を受ける機会を得た。その後今日まで、僭越とは思いつつ、佐伯先生の最後の弟子と自負してきた。①「佐伯先生の教え」、②「師に恵まれての出発——通説・師説・自説からの自由」、③「佐伯千仞先生の蔵書について」は、先生ご逝去の後に書いたものである。現在、信山社から『佐伯千仞著作選集』全6巻のうち5巻が発刊されており、この編集に携わったことで、先生から受けたご恩の一端に報いることができたものと思っている。
　その2は、刑法読書会と泉ハウスである。いずれも私の刑事法研究者としての育ての親である。刑法読書会は、戦後、佐伯先生が創設されたもので、関西独特の若手研究者の育成や共同研究を担ってきた。現在、私は、刑法読書会会長であり、懇親会の乾杯役を務めている。①「管理人の2年間」、②「初心に返って」、③「泉先生へのお礼状」は、その記録である。ちなみに、①・②が掲載された『梁山泊のひとびと』は、中義勝先生の命名である。
　その3は、中山研一先生である。中山先生は、「刑法読書会」「刑事法学の動き」を長きにわたって担ってこられ、「経済刑法研究会」「『医療と法』関西フォーラム」を立ちあげられた。私にとっては、家族でご自宅を訪問し、大阪市立大学で同僚となり、日弁連刑事法制委員会の助言者に推薦していただき、成文堂に紹介していただき、松宮孝明君と3名共著で『レヴィジオン刑法』3巻を発刊するなど、

はしがき　iii

中山先生がなければ今日の私はなかったといっても過言ではない。①「市大法学部の中山先生」は先生の還暦祝賀の文集に寄せたものであり、②「中山研一先生の思い出」、③「故・中山研一先生の医事法学について」(これは出版されていないが、中山先生の「『医療と法』関西フォーラム」に対する思い入れを思って収録した)、④「中山研一先生を偲ぶ」は、先生ご逝去後の追悼文である。

その4は、植田重正先生、中義勝先生である。関西大学時代の恩師である両先生がご退職の際に発刊された文集への寄稿である。①「『窓』」は、植田先生への感謝を綴ったものであるが、単身でミュンヘン大学に留学中のものであり、若干感傷的になっていたようである。②「謙抑主義と理論刑法学」は中先生への感謝状である。

その5は、弁護士の豊川正明先生、竹澤哲夫先生である。①「豊川先生追想『自由を選択する』」は、西ドイツ刑事司法調査団で同行し大阪刑事訴訟法研究会等でご一緒した豊川先生への追悼文、②「穏やかな戦士──竹澤哲夫先生を偲ぶ──」は、その調査団の団長を務められ、刑事再審研究会以来の全国研究会でご指導いただいた竹澤先生への追悼文である。

その6は、繁田實造先生、上田健二さんである。①「優しかった大先輩・繁田先生」は、古くから刑法読書会・大阪刑事訴訟法研究会等でご指導いただいた繁田先生への追悼文であり、②「上田健二先生を悼む」は、多くの仕事をご一緒しつつ大いに飲み明かし、私を弟のように扱ってくれた先輩への追悼文である。

同じように長きにわたってお付き合いいただいた成文堂の土子三男さんが逝去されたことは、返す返すも残念であった(2004年5月1日ご逝去)。これまでの私の仕事の大半は土子さんなしでは考えられないばかりでなく、仕事以外でも何かと相談に乗っていただいた。

熱海で、東京で、京都で、お酒を（土子さんは私の半分くらい）飲みながら、学界のこと、出版のこと、大学のことから、家族のことまで、忌憚なくお話しさせていただいた。ここに改めて感謝と哀悼の意を表する。

　第Ⅲ部には、1981 年から本年（2016 年）まで 35 年の間に綴った、折々の思い出の追想・雑感・寄稿を収録した。色々なことがあったというのが、率直な感想である。

　①「関西放送・今晩はみなさん」は、関西大学が 1967 年からラジオ関西で放送してきた番組を担当した時の記録である。このうち「海賊」「密猟」「錬金術」「偽作」「間接自殺」は、G. Radbuch/H. Gwinner, Geschichte des Verbrechens, 1951 を参考にしたものである。

　②「遠ざかる風景」は、母校・美唄東高等学校が閉校になるという機会に編まれた文集への寄稿である。美唄東高等学校から京都大学に入学した学生は私 1 人ということになってしまった。

　③「有斐閣の名著再見　ハンス・ヴェルツェル（福田平・大塚仁訳）『目的的行為論序説──刑法体系の新様相──』」と、④「乱読中の『仮釈放』」は思い出に残る読書感想文である。

　⑤「学部提携日独シンポジウム『法と手続』」は、大阪市立大学法学部とフライブルク大学法学部との共同研究の紹介であり、⑥「日本刑法学会創設 60 年記念大会に参加して──刑法学の過去・現在・将来──」は、ハッセマー報告に対するコメントを行ったときのものである。

　⑦「私の判例研究／刑事法──事実認定の決め手は常識」は、私の所感を率直に述べたものである。⑧「速報判例解説・刑法」は『速報判例解説』刑法編集者の「はしがき」である。

⑨「私と立命館から私の立命館へ」は、立命館大学に赴任した際のもの、⑩「共同代表に就任して」は、『陪審制度を復活する会』の石松竹雄先生の後を継いで共同代表に就任した際のもの、⑪「『陪審制度を復活する会』と石松先生」は、石松先生の卒寿記念シンポジウムにおける報告である。

　18歳まで過ごした北海道から青函連絡船に乗り特急を乗り継いで京都まで大学受験に来てから52年、場所的にも時間的にもずいぶん遠くに来てしまったように思う。上記のように母校の閉鎖に当たって「遠ざかる風景」という短文を書いたが、これを本書の表題にしたのは、古稀が近づいて、ふと少年時代の故郷の風景や留学中のドイツの風景などが想い出されるからである。「もう一仕事」と思ってはいるが、今後は、「1年・1年が儲けもの」と思って出来るかぎりのことをやっていく他はない。

　この間、多くの出会いがあり多くの人に支えられて、比較的恵まれた研究者生活を送って来きた。その代わりにというわけではないが、生活時間は極端に不規則になり、酒は命の水、煙草は命の煙と称して、健康に良いことは一切せず、忘れ物や乗り過ごしなど失敗は数知れず、かなり勝手に過ごしてきた。そのとばっちりを受けてきたのは妻の洋子である。成文堂の土子さんに「奥さんに感謝しなさい」と諭されたことがある。古稀を迎えて、感謝と詫びをいうとすれば、やはり妻ということになるであろう。

　擱筆にあたり、古稀祝賀論文集の編集にあたられた井田良さん、井上宜裕さん、白取祐司さん、高田昭正さん、松宮孝明さん、山口厚さん、とりわけその中心となって作業を進めて下さった松宮さん、そしてご論文を寄稿して下さった執筆者の皆様に感謝の意を表する

と共に、成文堂の阿部成一社長および編集部の篠崎雄彦氏に改めて厚く御礼を申し上げる。

2016年7月

過ぎし日を想起しつつ

浅 田 和 茂

目　　次

はしがき

第Ⅰ部　私の刑事法研究

1　私の刑事法研究・39年——『途上としての学問』について　(3)
2　恵まれた28年間に感謝　(24)

第Ⅱ部　恩師・先生・先輩

1　佐伯千仭先生……………………………………………33
　1　佐伯先生の教え　(33)
　2　師に恵まれての出発——通説・師説・自説からの自由　(35)
　3　佐伯千仭先生の蔵書について　(37)
2　刑法読書会・泉正夫先生……………………………………40
　1　管理人の2年間　(40)
　2　初心に返って　(42)
　3　泉先生へのお礼状　(44)
3　中山研一先生……………………………………………47
　1　市大法学部の中山先生　(47)
　2　中山研一先生の思い出　(49)
　3　中山研一先生の医事法学について　(52)
　4　中山研一先生を偲ぶ　(55)

④ 植田重正先生・中義勝先生……………………………………………60
  1　『窓』（60）
  2　謙抑主義と理論刑法学　（62）
⑤ 豊川正明先生・竹澤哲夫先生……………………………………………64
  1　豊川先生追想『自由を選択する』（64）
  2　穏やかな戦士──竹澤哲夫先生を偲ぶ　（65）
⑥ 繁田實造先生・上田健二先生……………………………………………68
  1　優しかった大先輩・繁田先生　（68）
  2　上田健二先生を悼む　（70）

第Ⅲ部　折々の追想

  1　関西放送「今晩はみなさん」（77）
  2　遠ざかる風景　（88）
  3　有斐閣の名著再見「ハンス・ヴェルツェル（福田平・大塚仁訳）『目的的行為論序説──刑法体系の新様相』」（89）
  4　乱読中の『仮釈放』（91）
  5　学部提携日独シンポジウム『法と手続』（93）
  6　日本刑法学会創設 60 年記念大会に参加して
    ──刑法学の過去・現在・将来　（96）
  7　私の判例研究／刑事法──事実認定の決め手は常識　（99）
  8　速報判例解説・刑法　（101）
  9　私と立命館から私の立命館へ　（109）
  10　共同代表就任にあたって　（110）
  11　『陪審制度を復活する会』と石松先生　（116）

第Ⅰ部
私の刑事法研究

1　私の刑事法研究・39年——『途上としての学問』について

(1) はじめに

　本日は、平日の午後でお忙しい時にもかかわらずお越しいただき誠にありがとうございます。当初、桐山研究科長から、「刑法典の百年、刑法研究の40年」というテーマではどうかと言っていただいたのですが、あえて39年としましたのは、私が修士課程に入学した1969年から今年で39年ということで、正確を期したということもありますが、むしろサンキューという感謝の気持ちを込めたつもりであります。

　副題を「途上としての学問」についてとしました。最初はマックス・ウェーバーに倣って「職業としての学問」についてとしていたのですが、やはりウェーバーでは名前負けしそうだと思い、私の正直な気持ちとして「途上としての学問」としました。今日は、私の刑事法研究がいかに中途半端なものかということを、お話しすることになります。

　もっとも学問というものがそもそも完成したものでありえないということについては、ウェーバー自身が『職業としての学問』の中で次のように述べています。

「学問の場合、自分の仕事が10年たち、20年たち、また50年たつうちには、いつか時代遅れになるであろうということは、だれでも知っている。これは、学問上の仕事に共通の運命である。いな、まさにここにこそ学問的業績の意義は存在する。……学問上の『達成』はつねに新しい『問題提出』を意味する。それは他の仕事によって『打ち破られ』、時代遅れとなることをみずから欲するのである。学問に

生きるものはこのことに甘んじなければならない」(尾高邦雄訳・岩波文庫・1980 年版 29 頁以下) と。

もう一つ、学生時代に読んだ団藤先生の『刑法綱要総論』という教科書の記述です。紀元前 480 年頃から 410 年頃まで生きていたとされるギリシャの哲学者プロタゴラスは、「万物の尺度は人間である」と言ったことで名高い人ですが、このプロタゴラスの見解が、プラトンに引用され、後にセネカによって次のように要約されているということです。「考え深い人は誰でも、罪が犯されたから罰するのではなく、犯されないために罰する」というもので、印象に残っています。

過去に罪が犯されたから罰するのか、将来に向けて罪が犯されないようにするために罰するのかというのは、刑法の根本問題で、現在も論争中です。そうすると人類はもう 2400 年も同じ問題を議論してきたことになり、私は、2400 分の 39 だけこれに関与してきたことになって、まさに「途上」にあることになります

同じようなことを直接学んだのは、佐伯千仭先生からです。佐伯先生は、私が修士課程の時に、大学院のゼミで、フォイエルバッハの教科書にミッターマイヤーが詳しい注を付けた浩瀚な書物、1840 年の出版ですが、それを示して、「ここには考えられるほとんどすべての学説がすでに紹介されている。刑法の分野で、ある考えを自分の創見である、自分が始めて考え出したという人がいるが、たいていはその人が勉強不足であることの証明にすぎない」といわれました。

長い刑法学の歴史の中で、自分が 40 年、50 年でできることはたかが知れています。しかし自分にはその 40 年、50 年しかありません。なんとか精一杯やってみよう、というのが私の刑事法研究の出

発点で、実は、最初から中途半端に終ることが予定されていたともいえます。

　今日は「退職記念講演」と銘打たれておりまして、何か中味のある1つのテーマに絞って「講演」をすべきかとも思いましたが、結局、自分のこれまでの刑事法研究者としての歩みを振り返りつつその内容についてもごく簡単に触れ、後で、2、3のテーマについて内容にわたってお話しするということにさせていただくことにしました。

(2) 大学院修士課程の頃 (1969年～1971年)

　私が京都大学で修士課程に進学した当時は、いわゆる学園紛争の真っ只中で、卒業式も入学式もありませんでした。学園紛争では、七〇年安保の問題を背景に、さまざまな問題提起が行われましたが、その1つが、それまで象牙の塔で偉そうにしてきた研究者に対する批判でした。学園紛争は医学部の青年医師連合（青医連）の運動から始まったのですが、そこでかの「白い巨塔」の世界に対する批判・教授に対する批判が行われたのです。この学園紛争は、私に「研究者は偉くない」という印象を強く残しました。

　私は大学に入学してすぐ裁判問題研究会というサークルに入り、学部では民事訴訟法の中田淳一先生のゼミに属していました。サークルの先輩達の勧めもあって、大学院では平場安治先生のところで刑事訴訟法を専攻することになり、将来は民事・刑事を含めた「裁判法」の専門家になりたいと考えていました。

　そのサークルで八海事件をテーマにして、学園祭に「真昼の暗黒」という映画を上映したことがありました。この事件は、1951年に山口県八海村で老夫婦が殺害されたという強盗殺人事件で、逮捕され

たAが、最初は単独犯の自白をしたのですが、捜査官の思い込みもあってBを主犯とする5人共犯という自白になり、その線で手続きが進められました。一審で、Bは死刑、Aは無期懲役、他の3名は有期懲役の有罪判決が出ました。控訴棄却の後、Aは上告の取り下げで確定しましたが、Bら4名は無罪を主張して争いました。その結果、最高裁で破棄差し戻し、差し戻し後の高裁で無罪となりましたが、検察官が上告して最高裁で再び破棄差し戻し、差し戻し後の高裁で有罪、被告人が上告して、1968年、事件から17年ぶりに、最高裁が破棄自判・全員無罪で決着をつけました。前後7審に及びエレベーター裁判といわれた難事件でしたが、そこで単独犯か5人共犯かの決め手になっていたのが法医学鑑定でした。このことがずっと気になっていて、修士課程に入ったときには、刑事鑑定をテーマにすることに決めていました。偉くない研究者なら自分もできそうだと考えていたのです。

　当時、泉正夫先生という方がおられました。阪大の法医学の助手をされていたのですが、それを辞めて京大の法学部に入学し、卒業して大学院で平場安治先生の下で勉強された後、開業医になられました。この泉先生が、私財を投じて、大学のすぐ近くに、主として刑事法の研究会や遠くから来られた先生の宿泊用に「泉ハウス」という一軒家を提供されました。刑事法の大学院生がハウスキーパーとして住み込み、お世話をするということで、修士に入って早速そこに住むことになりました。泉先生ご自身が、法医学鑑定について刑事法の観点から研究したいという希望をもっておられたとのことで、毎月1回ご自宅にお伺いする度に、専門的な話も伺うことができました。

　泉ハウスでは、毎月1回「刑法読書会」という研究会が開催され

ていました。主としてドイツ語文献の紹介を通じて、関西の院生や若手研究者を育てるという趣旨で、佐伯先生が創設されたものです。佐伯先生・平場先生はじめ関西の先生方が出席され、大学の境を越えて指導してくださいました。毎月の例会と夏の合宿、年末の集中研究会が欠かさずに行われ、現在も続いております。私を最初に研究者に育ててくれたのは、佐伯先生、平場先生、泉先生とこの刑法読書会で、今でも、その恩返しを兼ねて、ほぼ欠かさずに出席しております。

修士論文では、刑事鑑定の手続と問題点を、日本とドイツの比較を通じて検討しました。平場先生にお願いして、佐々木哲蔵弁護士から、先ほど触れた八海事件の法医学鑑定書の現物を借りて読みました。解剖の写真が沢山あって、気分が悪くなったものです。後はともかく日本とドイツの関連文献を読むことが中心でした。当時、論文の目標として考えていたのは、裁判と科学の架橋ということで、裁判官の証拠評価、いわゆる自由心証主義を合理的にコントロールするためには、もっと鑑定を活用し、鑑定の結果に一定の拘束力を認めるべきだと考えていました。また、法医学鑑定は大学の法医学教室で行われますが、科学鑑定の多くは、科学警察研究所を中心に警察内部で行われています。むしろ裁判所も弁護士も利用できる中立的な鑑定機関を設置すべきであるという主張もしましたが、現在も、実現には程遠い状況です。

修士課程では、先輩や友人たちと良く飲み、良く議論をし、半ばは学園紛争に巻き込まれながらも、われながら良く勉強しました。とくにドイツ語は悪戦苦闘で、朝から晩まで訳したり、毎週ゲーテ・インスティテュートに通って会話の勉強もしていました。

修士課程に入り、刑法学会の会員になって間もない1969年10月

に名古屋の中京大学で刑法学会があったときですが、刑法学会を改革しようという意気込みで若手研究者の集まりがあり、参加しました。「刑法理論研究会」という名前で、当分は存在自体を秘密にするという怪しげな団体でしたが、私にとってははじめての全国研究会への参加でした。刑法学会の全国大会は、一種のお祭りで、日本の刑法学の進歩に役立っていないということで、刑法学会の前後に毎年合宿を行い、お互いに研究報告をし合いました。日本における民主主義的刑法学の系譜を研究するということで、風早八十二先生の研究を分担したこともありました。この研究会は、その後、1983年に私も編集者の1人になって『現代刑法学原論』という本を出版して公然のものとなり、現在も続いています。

(3) 関西大学助手・専任講師の頃 (1971年〜1977年)

私は、幸い、修士2年の時に関西大学の刑法の助手試験に合格し、1971年4月から3年間、助手として給料をいただきながら、関西大学大学院博士課程の院生を兼ね、オブリゲーションは一切無しという、きわめて恵まれた環境にありました。植田重正先生、中義勝先生の指導を受けつつ、専攻が刑法になりましたので、鑑定と関係の深い責任能力を研究テーマとすることにしました。助手論文のつもりで研究を始めたのですが、なかなかまとまらず、一応の決着に至ったのは1983年に『刑事責任能力の研究・上巻』をまとめた段階であり、その『下巻』を出版したのが1999年ですが、内容的にはまだ完結しておらず、まことに中途半端なままになっています。

関西大学に就職した頃は、まだ学内に紛争の余波が残っている状況で、学生の大衆団交あり、内ゲバあり、全学封鎖ありという状態でしたが、徐々に、自分の本来の仕事は研究と教育にあると思うよ

うになっていました。

　1974年に専任講師になり、首尾よくDAAD（ドイツ学術交流会）の奨学金の試験に合格して、その年の8月ドイツに留学しました。最初の2ヶ月間は、シュベービッシュ・ハルという町のゲーテ・インスティテュートに入り、ドイツ語の訓練を受けましたが、その時に、同じく日本からDAADの奨学生として来ていたバイオリニストと知り合いになり、今も付合いが続いています。留学先のミュンヘン大学では、外国人用の入学試験を受けて何とか合格し、学生になりました。学生証の威力は大したもので、交通機関はもちろん、オペラやコンサート、博物館に美術館、あらゆるところで学割が効きました。

　指導教授のロクシン先生は1931年生まれで、当時40代半ばでしたが、すでにドイツ刑法学界のリーダー的存在で、ドイツで優勢だったヴェルツェルの目的的行為論を批判し、共犯論や責任論の分野で独自の学説を展開していました。刑事政策的な課題を大胆に刑法解釈学に取り入れるという考えで、目的合理的体系といわれています。私自身は、ロクシン説はそのままでは日本の現状に合わないけれども、刑罰を抑制する方向では取り入れることが出来ると考えて、帰国後、平場先生の還暦記念論文集に「責任と答責性」という論文を書きました。犯罪の成立要件である違法が可罰的違法であるのと同様に、責任も一定の質と量を有する可罰的責任でなければならないと主張しました。

　留学中、ロクシン先生のお供でドイツの刑法学会にも参加しましたが、日本とは異なり、教授だけの学会で、教授は助手を1人だけ連れてきてもよいということでした。「ああこれはマイスターの世界だ」と感心したものでした。マイスターというのは中世ヨーロッ

パのギルドという同業者組合の親方のことです。

　留学中は、ロクシン先生やアルトゥール・カウフマン先生のゼミや講義や研究会に出席し、法哲学や医事刑法も少し勉強しながら、責任論や刑法史に関連する文献を、大学の図書館やバイエルンの州立図書館で見つけてはコピーしていました。

　1年8ヶ月の留学を終えて1976年3月に帰国し、関西大学での研究生活を再開しました。

(4) 関西大学助教授の頃 (1977年～1980年)

　関西大学助教授の3年間は、講義とゼミ、学内行政などで、忙しく過ぎました。研究の中心は、相変わらず責任能力でしたが、判例百選や重要判例解説、入門書や教科書の分担執筆などが当てられるようになり、依頼があれば断らないという方針でしたので、少しずつ研究分野も広がってきました。責任能力自体が、刑法・刑事訴訟法・刑事政策に跨る研究領域で、幅広く勉強することも必要でした。1977年に「限定責任能力の問題」というテーマで学会報告をし、かなり緊張しましたが、自分もようやく刑法学会の一員になったという感じでした。

　当時、同志社大学で毎月1回「刑事判例研究会」が開催されていて出席するようになりましたが、この研究会は現在も続いています。実務家と学者との共同で「刑事鑑定研究会」というのが1976年から1年半ほど行われ、1977年の末に共同執筆で『刑事鑑定の理論と実務』という本が出版されました。また、1974年に発足していた全国規模の刑事訴訟法学者と実務家の研究会である「刑事再審研究会」にも、留学から帰ってから入れていただきました。この研究会は、名称を変えつつ現在まで続いておりまして、毎年2回ないし3回合

宿が行われています。私が科学研究費の代表者になったこともありました。

　大阪には、佐伯先生が創設された「刑事訴訟法研究会」(月例)があり、これにも参加するようになりました。裁判官や弁護士も参加し『生きている刑事訴訟法』という本を出版してきました。これも現在まで続いています。ともかく刑事法関係の研究会が大学の枠を超えて行われているのが関西の特徴で、関東では見られない現象です。そのような次第で、現在、毎週土曜日は研究会、時には日曜日も研究会ということになっています。

　1978年には教職員組合の書記長をしていました。給与や手当問題に限らず、大学全体の運営が対象になり、多くの経験をしました。だんだん学内状況が分かるにつれて、問題も目に付くようになり、黙っていられないことも多くなってきました。飲む機会も時間も増え（これは今も続いていますが）、このままでは自分の研究がおろそかになるという危機感を覚えていました。組合の書記長を終えて、そんな思いを抱いているときに、光藤景皎先生から大阪市大に来ないかというお誘いをいただいたのです。

　留学して戻ってからまだ3年目であり、とくに不満もない、というよりはむしろ非常に良くしていただいてきたわけで、関西大学を辞める理由はほとんどありませんでした。唯一の理由は、このままでは十分な研究ができなくなるということでした。それも自分の心がけ次第なわけで、もちろん関西大学にも研究に専念している人は沢山いるのですが、多くの学内問題に自分自身が黙っていられないということに加えて、頼まれると断れないという自分の性格というか弱点はいかんともしがたく、ここで初心に帰ることができるかどうかが自分の生き方に関わる、自分は何のために研究者になったの

かと考え、かなり悩んだ末に決心しました。

(5) 大阪市立大学助教授の頃 (1980年～1987年)

　大阪市立大学法学部は、勉強して当たり前の学部でした。関西大学では、比較的良く勉強しているということで褒められることもあったのですが、市大法学部では、勉強をしていないと恥ずかしいというか、居づらいのです。当時のスタッフ全員の名前を挙げたいところですが、当時、光藤先生が言われたのは「うちのスタッフは打線に切れ目がない」ということで、そのとおりでした。大学が変わると、当初は学内の事情も分かりませんので学内行政について色々と考える必要もありません。市大に来てよかったと思いました。

　大学院時代の先輩である労働法の西谷さん、政治の水口さんが事あるごとに相談に乗ってくださいました。政治の加茂さん、民訴の松本さん、民法の寺田さん、法哲学の笹倉さんなども、快く仲間に加えてくださいました。当時は、国際法の石本先生、刑法の高橋先生、憲法の種谷先生などもおられました。民法の甲斐先生、遠田先生、労働法の本田先生、日本法制史の牧先生、ドイツ法の石部先生、憲法の栗城先生、政治の山口先生、それに商法の本間先生、岩崎先生など、皆さん本当に偉い先生ですが「偉そうにしない」という点で共通していました。それに甘えて、礼儀知らずに振舞ったこともあったように思いますが、ともかく研究には願ってもない環境でした。

　1982年9月から84年3月まで1年半、フンボルト財団の奨学生として、再びミュンヘン大学のロクシン先生の下に留学しました。前回は単身でしたが、このときは家族一緒であったこともあり、色々新しい経験がありました。今思い返してみると、この時がこれまで

の人生で一番よい時期であったように思います。ロクシン先生に勧められ、はじめて内容のあるドイツ語の論文を書き、帰国後にドイツの刑法雑誌に掲載されました。可罰的違法性についての論文で、日本にもドイツに勝るとも劣らない研究があるということを訴えたものでした。

帰国後は、また慌しい日々が待っていました。1986年に「法と精神医療学会」が発足しましたが、研究テーマに直結しているということで、準備段階から関与し、当初から理事で、1998年から3年間は理事長でした。日弁連の刑事法制委員会には、中山先生の推薦で、1988年に助言者になり、つい先日も東京に行ってきたところです。関西で中山先生を中心に「経済刑法研究会」が発足して会員になり、また、最新の文献を法律時報で紹介する「刑事法学の動き」のメンバーにもなって、いずれも現在まで続いています。

(6) 大阪市立大学教授（1987年〜現在）

1987年に教授になってからは、否応なく学内行政にも関わることになりました。この時点で、また大学を変わり初心に帰って研究するということも、一瞬、考えました。しかし、市大の法学部は、どんなに忙しくても何があろうとも研究を続ける学部ですので、大学を変わる理由がない、こんな学部は全国にない、と思うようになっていました。

その現われが、「法政サロン」という何とも気持ちのよい法学部内の研究会でした。ビールとワインを飲みながら同僚の研究報告を聞いて議論をするというもので、親睦を図りつつ勉強し、同時に自分の狭い専門の殻を破るという意味もありました。日本には珍しく「大阪市大学派」というものが出来るのではないか、市民法学というコ

ンセプトではどうか、などと考えてきました。市大法学部の学風については、たとえば司法試験を受ける学生に、君たちは知らず知らずに市民的な法学・政治学の素養を身につけているのだから、試験に受かりさえすれば必ず良い法律家になって世の中の役に立つ。だから安心して受験勉強をしなさいと言ってきました。

　このような思いをさらに発展させてくれたのが、石部先生を中心に始められたフライブルク大学法学部との交流、日独シンポジウムでした。毎回参加して、ドイツの先生との交流も広がり、アルビン・エーザー先生やヴォルフガング・フリッシュ先生とも親しくなりました。ドイツ語での報告や論文を書く機会も増えました。2001年のロクシン先生の古稀記念論文集には責任論について日独の比較研究をし、この4月に刊行されるクラウス・ティーデマン先生の古稀記念論文集には日本の共謀罪の立法問題について紹介しました。この秋には、日独法学会の関係で、インサイダー取引と刑法について報告する予定ですが、まだ準備はできていません。

　1991年に刑法学会の理事になりましたが、1997年には常務理事になり、現在まで学会の運営に携わってきました。2000年には、村井敏邦理事長（龍谷大学）の下で総務担当理事になり、学会の会務全般を3年間引き受けましたが、先ほど触れた「刑法理論研究会」のメンバーが協力してくれました。今年の刑法学会は、5月に神戸の国際会議場で開催されますが、その大会準備委員長で忙しくしています。大会準備委員長はこれで4回目になります。

　2000年11月に「法と心理学会」が創設されました。科学と刑事裁判の架橋というテーマに密接に関わるということで、準備段階から関与し、当初から理事になって現在に至っています。その関係で、龍谷大学の「法と心理」の研究プロジェクトチームのメンバーにな

り、これも1、2ヶ月に1回、研究会があります。今は、アスペルガー症候群の少年の裁判や処遇がテーマになっています。

2004年4月に、図らずも金児学長の指名で副学長を拝命いたしました。学長の下で、角野副学長とともに、主として独立行政法人化の準備が仕事の中心でしたが、息抜きや相談を含めて、気持ちよく勤めさせていただきました。どうしても独法化しなければならないのであれば、教職員組合とも協力して、全国に例のない独法化をしてみせよう、全国で市大の独法化だけが成功だったというようにしたい、という意気込みで取組みましたが、その後、大阪市の財政難が主要な原因で、必ずしも、当時、私たちの思ったようには進んでいないのは、残念としか言いようがありません。いずれにしても現在の学長・副学長のご苦労は並大抵のものではありません。英語教育開発センターの会議で中村副学長にお会いしますが、私の副学長時代とは大変な違いで、私には到底勤まらないと思い、本当に頭が下がります。

2004年4月に、法学研究科では法曹養成専攻、いわゆるロースクールが発足し、大学の法学教育は大きく変わってきました。法学に限らず、大学全体が大きな変革期にあり、とりわけ昨今の大学評価の嵐というか横暴には耐えがたいものがあります。1970年前後の学園紛争の前から、文部省・文科省は、何とか小中高校並に大学を管理したいものと画策してきました。歴史的には、大学は、時代の変わり目にあたって常に批判的視点を提供するという役割を担ってきましたが、文科省は、そのような批判の芽を摘み取ることを企図し、それは成功しつつあるかに見えます。私ども大学教員は、その渦中にあって、限られた条件の中で、次の世代を育てる責任があります。少しでも自分でものを考える学生を育てることが私の仕事と

思って、教育してきました。3年前に、通説・判例に批判的な『刑法総論』の教科書を出したのですが、刑法各論がなければ完結せず、これも中途半端な状態です。

最近は、ドイツのフリッシュ先生から、刑事制裁と量刑に関する日独シンポジウムを行いたいという要請を受けて、刑事制裁・量刑研究会を発足させ、シンポジウムの準備にかかっています。また、ロースクール時代に入り、実務中心になって理論刑法学が衰退するのではないかという危機感から、成文堂で『理論刑法学の探究』というシリーズの発刊が決まり、明治の川端博さん、東大の山口厚さん、慶応の井田良さんと共に編集委員ということになりました。

以上のような次第で、その日暮らしのような日々を送ってきましたが、何もかも中途半端な状態です。一方では、こんなはずではなかったという思いもありますが、他方では、こんなものかもしれないという気持ちもあります。

(7) **私の刑事法研究**

① **刑法分野**　次に、私の刑事法研究ということですが、全部話すとなると39時間くらいかかりそうですので、その内容の一端を紹介させていただきたいと思います。

刑法の分野では、歴史研究・比較法的研究が欠かせないと思ってきました。というのも刑法というのは、徹頭徹尾、歴史的・社会的な産物だからです。ある時代のある社会は、それに見合った刑法を持っていますが、そのどれも、間違っているというわけではありません。現在の日本で、それを今後どのような方向に向けて行くべきかを考えるのが、研究者の仕事であると思ってきました。

私は、私の立場からそれを主張することになりますが、学問は反

対説があってこそ進歩するものですから、むしろ反対説は大歓迎です。というよりも、大抵の場合は私の説の方がごく少数説です。私たちは学問の世界で論争をしているのですから、学説が違うからといって人間的に反発したり憎みあったりする必要は全くないと思ってきました。私自身、もし京都ではなく東京の大学に行っていたとすると、現在と同じような主張をしていたかどうか、そう思いたいのですが、正直のところ自信がありません。

　私の犯罪論体系は、きわめてオーソドックスなもので、できるかぎり犯罪の客観面は構成要件と違法で扱い、主観面は責任で扱うというのが基本です。違法の本質についての結果無価値論、責任についての意思自由論、可罰的責任論、違法性の意識についての厳格故意説、未遂についての実質的・形式的客観説、不能犯についての客観的危険説、共犯論についての惹起説などですが、ここで説明する余裕はありません。

　ところで、近代刑法の基本原則は、罪刑法定主義と責任主義です。前者は、犯罪と刑罰は予め法律で定めるというもので、法律がなければ犯罪も刑罰もないという原則であり、後者は、責任なければ刑罰なしという原則で、いずれも国家の刑罰権を一定の範囲に制約する原理です。これを墨守することこそが、現代のわが国にとって肝要であるというのが、私の立場です。もちろん時代の進行に応じて、新しい発想で新しい展開を考えることも必要ですが、それが罪刑法定主義や責任主義に反する場合には、それに対する批判が欠かせません。

　たとえば、「原因において自由な行為」という刑法上の問題があります。酒に酔って病的酩酊に陥り、ナイフで人を刺し殺した場合、殺害行為の時点では責任無能力なのですが、もし、最初からそのよ

うに意図して酒を飲み、そのような結果になった場合にも、責任無能力で無罪とすべきかという問題です。「原因において」の原因というのは、この場合、酒を飲む行為をさし、自由というのはその時点では完全責任能力つまり自由な意思決定が可能であったという意味です。学説は、大きく、自分の無能力状態を道具に使って犯罪を行ったという観点から、この場合には飲酒行為自体が人を殺す行為であり、その時には責任能力があるのだから有罪とすべきであるという主張と、たしかにナイフで刺す行為が殺人の実行行為であるが、行為時には責任無能力であっても、責任非難は遡って判断することによって可能であるから有罪にすべきであるという主張に分かれます。前者は小野清一郎先生の説、後者は佐伯先生の説が、基になっています。

　罪刑法定主義は、条文に書かれた行為しか処罰しないという原則であり、責任主義はその行為と責任能力の同時存在、すなわちその行為が責任能力に担われていることを要求しています。刑法は、殺人罪の行為を「人を殺した」と規定し、責任能力については「心神喪失者の行為は罰しない」と規定しています。酒を飲む行為が人を殺す行為だというのには無理があります。もしそうであるとしますと、殺すつもりで酒を飲み、不覚にも眠ってしまったという場合も、理論的には殺人未遂ということになってしまいます。そうするとナイフで刺す行為が人を殺す行為であると考えざるをえません。刑法で処罰の対象となっているのは、そのナイフで人を刺す行為なわけですから、その行為が責任能力に担われていてはじめて処罰が可能になるというのが素直な解釈です。有罪説は、罪刑法定主義か責任主義かいずれかを犠牲にして、処罰を優先するものと言わざるをえません。これは「原因において自由な行為」という考え方自体を否

定するという主張で、明治の旧刑法の時代にはこれが通説だったのですが、現在、正面からそれを主張しているのは私だけです。どうも、酒飲みに有利な解釈なので信用できない、と思われているのかもしれません。

② 刑事訴訟法分野　　私の刑事訴訟法研究は、自分の研究テーマである科学捜査と刑事鑑定の分野以外では、先に触れました大阪の刑事訴訟法研究会、当初は刑事再審研究会、現在は刑事司法研究会と呼ばれている全国規模の研究会、刑法読書会や刑事判例研究会などへの参加による耳学問にはじまり、そのつど共同研究や分担執筆に参加してきたもので、きわめて中途半端なものです。刑事訴訟法の講義は、実は一度もしたことがありません。外国人犯罪の刑事手続については刑法学会の共同研究でオーガナイザーをし、未決拘禁問題についてはドイツとの比較研究をし、供述の信用性についての研究は法と心理学に関するものです。

　捜査の科学化は、戦後、自白中心の捜査から脱却するために中心に置かれるべきものとされてきました。「『人から物へ』ではなく『物から人へ』」という標語の下に、供述よりは物証を重視する方向が目指されたのですが、現実は、そのようには進行せず、相変わらず取調べ中心の捜査が行われています。同時に、科学捜査も日進月歩の状態にありまして、「自白から科学へ」ではなく、「自白も科学も」というのが、日本の捜査の現状です。

　一口に科学捜査や科学的証拠といっても、信用できるものもあれば、信用できないものもあります。警察犬の臭気選別というのは、たとえば犯行現場に落ちていた犯人の物と思われる靴下の臭いをビニール袋に入れて保存し、被疑者の臭いと一致するか否かを、警察犬を使って選別するというものです。前方の机に５つほど臭いの異

なる布を並べ、靴下の原臭を犬に嗅がせて、机から同じ臭いの布を持ってこさせるというもので、持ってきたのが被疑者の臭いの布であれば、被疑者が犯人である証拠になるというのです。しかし、原臭の保存状態や犬の体調に問題があるばかりでなく、犬がなぜその布を選択したのかも明らかではありません。犬に反対尋問するのは不可能だからです。私は、これは科学ではないと考えています。

　似たようなことは、ポリグラフ検査についてもいえます。ポリグラフは嘘発見器とも言われていますが嘘を発見する機械ではありません。呼吸と脈波と皮膚電気反射とを同時に記録する機械で、質問に対する反応を記録します。これには対照質問法と緊張最高点質問法とがあります。対照質問法は、事件に関する関係質問と、それと同等ですが被検者が関与していないので虚偽徴候を示さない対照質問と、無関係な質問とを織り交ぜて質問するもので、たとえば「6月にAマンションに盗みに入ったのはあなたですか」という関係質問に対する反応と、「5月にBアパートに盗みに入ったのはあなたですか」という対照質問に対する反応との違いを見て、前者に反応があれば「黒」と判定するというものです。緊張最高点質問法は、たとえば窃盗犯人の侵入口が「風呂場の窓」と分かっている場合に、「玄関ですか」「勝手口ですか」「風呂場の窓ですか」「便所の窓ですか」などと質問して、その認識の有無を確かめるというものです。

　自分の言いたくないことを機械が読み取るということですから、黙秘権を侵害するのではないかということが問題になります。そこで学説の多くは、被検者の真摯な同意、すなわち黙秘権の放棄があれば許容されるとしてきました。しかし、機械が正確に記録するとしても、質問に反応したのか他のものに反応したのか確かめようがありませんし、事前に何らかの情報を得ていれば犯人でなくても反

応が現われるので、きわめて不正確でもあります。ドイツの判例では、当初は人の内心を覗き見るもので人間の尊厳に反するとされていましたが、その後、不正確であって証拠としての価値がないという理由で、証拠には使えないとしています。ところが、わが国の最高裁は、1968年にいとも簡単にその証拠能力を肯定しました。

　この研究をしているうちに気づいたことは、実は警察も検察も、ポリグラフ検査で真実が分かるなどとは思っていないということでした。実務家の書いた論文に「検査を渋ったり拒否した場合には、供述の信用性に一応の疑いを持つことができる」という記述がありました。ポリグラフ検査は実は取り調べの道具、つまり自白を得るための道具なのです。ポリグラフ検査を拒否すれば不利益な推認を受けてしまうのですから、被疑者は進んで検査を受けると言わざるを得ません。また、機械に繋がれることによって、被疑者は自分が取り調べの客体であることを、身をもって知らされます。

　検査者は、被検者に、まずポリグラフ検査は正確だ、機械に嘘はつけないと思わせます。トランプ占いのようにして、被検者が記憶していたカードを当てるのです。そのようにして被検者が、機械に嘘はつけないと信じさせられた場合、真犯人であれば、犯人であることが露見してしまうような検査に真摯に同意するはずがありません。拒否すると疑われるので嫌々ながら同意するのです。他方、無実の者であれば、無実を明らかにしてくれることを期待して真摯に同意すると思いますが、その場合、結果は「白」と出るはずです。すなわちポリグラフ検査の「黒」という判定は、真摯な同意がないか、間違っているか、いずれかということになりますが、この理屈もなかなか分かっていただけません。

　③　**刑事立法批判**　　この間、私は、新しい刑事立法の提案があ

る度に、できるかぎりその批判的検討を行ってきました。これも刑事法研究者の仕事と思っているからです。刑法改正と保安処分、組織犯罪対策立法、暴力団対策法、財産刑改正、脳死と臓器移植、環境刑法などの分野における刑法的介入の早期化、遺伝子工学・クローン禁止、心神喪失者等医療観察法、共謀罪、刑事立法の厳罰化など、立法ないし立法提案について行ってきたことですが、ここでは、犯罪被害者の問題について触れることにします。

この10数年、犯罪被害者の問題がクローズアップされ、それが新たな刑事立法や重罰化の後押しをしてきました。犯罪被害者といえば、水戸黄門の印籠のようで向かうところ敵なしの状態です。その背景には、日本の犯罪被害者が、十分な補償もカウンセリングも受けられず、劣悪な状態におかれてきたという事情があります。そのような状態では被害者感情は犯人に対する報復・応報に向かわざるをえず、マスコミもそれに拍車をかけるということになります。たしかに犯罪の被害者や遺族の言葉には、同情こそあれ、反論はありえません。しかし、それが刑事立法をリードするということになると、様々な問題が生じてきます。

近代刑法は、国家の刑罰権を制約するという観点から、罪刑法定主義、責任主義、謙抑主義、「疑わしきは被告人の利益に」の原則すなわち無罪の推定の原則、自白の補強法則、伝聞証拠の排除、一事不再理など、さまざまな装置を整えてきました。国家の近代化は、復讐の禁止と拷問の禁止から始まったのです。昨今のわが国の風潮には、それらの原則を無視した先祖がえりの感があります。自分もいつ犯罪者になるかもしれない、被疑者・被告人になるかもしれないという観点が抜け落ちて、自分は被害者にしかならないと思わせられているのです。

2000年5月の被害者保護立法で、刑事訴訟法が改正され、証人尋問における被害者証人への付き添い、尋問の際の衝立による遮蔽措置、別室にいる被害者証人に尋問するビデオリンク方式、被害者の意見陳述など一連の措置が新設されました。付き添い、遮蔽、ビデオリンクは、細かく見ると問題はありますが、被害者の二次被害を回避すると言う意味で、了解可能です。ちなみに二次被害というのは、犯罪による一次被害に加えて、その後の捜査や裁判、マスコミ報道などによって蒙る被害をいいます。三次被害ということも言われていて、これは事件後長期に及ぶ心的ストレスをさしています。

とくに問題なのは、意見陳述で、VIS (Victim Impact Statement)、被害者衝撃供述とも呼ばれます。訴訟の最終段階で、反対尋問のない言いっぱなしの意見陳述を許すというもので、一種のカタルシス効果（ガス抜き）を狙ったものですが、問題があります。それによって被害者の応報感情や処罰感情が固定化され、加害者に対する宥和感情や、被害からの回復感情が生成するのを妨げるおそれがあるばかりでなく、その意見が量刑に反映されない場合には、かえって司法に対する不信感を増幅させることにもなります。

2007年6月に、被害者・遺族およびその代理人である弁護士が、直接被告人や情状証人に尋問することができ、求刑もできるという法案が参議院本会議で可決・成立しました。とくに問題なのは証人尋問です。被告人には黙秘権がありますが、証人には証言義務があり、虚偽の陳述をすると偽証罪になります。それでなくとも、情状証人は、被告人の量刑をできるだけ軽くしたいと思っていますので、被害者に逆らう発言をすることは躊躇します。被害者や遺族やその代理人の弁護士が、たとえば被告人の親に「あなたの育て方が悪かった」と言って非難する、そんな状況を刑事裁判で創り出して良いの

か、率直に疑問を覚えています。

(8) おわりに

今の日本社会で急速に失われつつあるもの、日本には限りませんが、それは寛容（トレランス）ということです。もちろん無原則に寛容な社会が良いわけではありません。糾すべきは糾したうえで、社会全体としては寛容であることが、社会の発展にも個人の発展にも欠かせません。刑法の分野で言えば、日本には昔から「罪を憎んで人を憎まず」という言葉があります。今一度、このような考えに立ち返ってほしいというのが私の希望です。

以上、こんなに沢山自分のことばかりを話したのははじめてで、お聞き苦しいところもあったかと思いますが、ご容赦ください。今後いつまで研究を続けていけるか分かりませんが、かなうかぎり「途上としての学問」「途上としての人生」を歩み続けたいと思っております。ご清聴ありがとうございました。

市大法学雑誌 55 巻 1 号（2008 年）

2　恵まれた 28 年間に感謝

私は、2008 年 3 月に 28 年間勤務した大阪市立大学（以下「本学」）法学部・法学研究科を退職し、同年 4 月から立命館大学法務研究科に勤務しています。28 年間というのはいかにも長い年月ですが、自分自身としてはあれよあれよという間に過ぎてしまい、ついこの前、本学に赴任したという感じさえするほどです。もちろん、この間に沢山の出会いと沢山の出来事があり、その 1 つ 1 つが私の人生そのものですので、思い出は尽きません。ここでは、そのほんの一端を

紹介させていただきます。

(1) 教授会や法学部スタッフのこと

　本学法学部に赴任して最初に驚いたのは、教授会が長いということでした。午後1時半に始まって7時か8時まで、時によっては10時になることも稀ではありませんでした。月に1回ということで、すべての議題を丁寧に扱うと当然そうなるのですが、全員が納得するまで議論するというのは並大抵のことではありません。法学部は全員がいずれは評議員・学部長になるという仕組みでしたので、学部長の苦労を明日はわが身と感じていたことも、その一因であったように思います。先輩の先生が「民主主義は時間がかかるのですよ」といっておられたのが印象に残ります。

　教授会では、若手が自由に発言し、年配の高名な先生方が少しも権威的でないことが特徴的でした。教授会の終了後は、多くのスタッフが近くの店での懇親会に参加し、そこで結構重大なことが話し合われたりしました。したがって教授会の日は終電で帰宅するのが稀ではなく、たまに教授会が早く終ると飲む時間が長くなるという結果になりました。

　本学法学部の特徴の1つは教員と職員の意思疎通が非常に良いということで、とくに教員はこれで助かってきました。教員の多くは(少なくとも私は)、年に何度か、鍵を忘れたり、試験問題や報告書の提出の締め切りに遅れたり、急に書類が必要になったりしますが、その都度快くフォローしてくれるのとそうでないのとでは、教員の日常生活に雲泥の違いがあります。そのような雰囲気を作ってこられたのは、先輩の諸先生で、私が赴任した当時から、事務室で昼休みに事務の方と教員とが囲碁を打っていたのを思い出します。私が

学部長になる前からですが、勤務時間が終ってから事務室のカウンターで教職員が一緒にビールを飲む会が行われるようになり、その後もずっと続いています。事務室のカウンターには、教職員が旅行のお土産に届けてくれたお菓子があり、法学部事務室のコーヒーは美味しいという評判で、一種の憩いの場になっています。もっとも、職員の方にとっては、仕事の邪魔をされ、時には無理を強いられるということで、迷惑このうえない話ですが、それを補って余りある雰囲気が法学部事務室にはあるものと信じています。

教員の間でも、「法政サロン」というビールとワインを飲みながら同僚の研究発表を聞いて議論をする会があります。親睦を図るというだけではなく、同僚が何を研究しているのかを知ることによってお互いが研究レベルでも理解しあうと同時に、自分の狭い専門の殻を破るという意味もあります。ドイツのフライブルク大学法学部との交流「日独シンポジウム」も、1991年以来すでに6回開催され、7回目が計画されています。いずれも刺激的で、学部単位でこのようなことができるのは、全国で本学法学部のみといって過言ではありません。

(2) 学生のこと

私は、1980年に9年間勤めた関西大学から本学に赴任しましたが、関西大学との最も大きな違いは本学の学生数の少なさでした。1学年600人以上の学生が相手では、ゼミ生以外の学生については、最初から顔や名前を識別しようという気持ちになりませんでしたが、本学では、4回生ともなると、学生の顔がある程度は印象に残っていて、教授会で具体的な学生のことが話題になっても「あの学生か」と気づくことがあり、関西大学では考えられないことでした。

事務室の教務係で、学生の名前と顔をほとんどすべて覚えておられる方があって感心したこともありました。

　ゼミでは、最初のうちは、3回生はゼミ合宿、4回生はゼミ旅行と決めていて、その間にコンパがあり、ある年には毎月1回ゼミの最初に（紅茶とケーキで）ゼミ生の誕生祝いをしたこともありました。ゼミ合宿は三田のセミナーハウスで行うことが多く、昼はみっちりと勉強をして、夜は山を下りたところで花火大会をするのを恒例にしていました。年によって異なりますが、ゼミ生が卒業後も連絡を取りあって会食することがあり、今でも年に数回そのような会合に出席しています。

　講義では、いつも私語はまったく無く、熱心に聴いてくれて、話しやすい雰囲気でした。1回の講義に1度は笑ってもらおうと、面白そうな設例を考えたり、つまらない駄洒落を考えたこともありました。嫁さんが姑さんに航空機事故で死んだら幸いと思ってヨーロッパ旅行を勧める例や、山小屋に強力な爆弾を仕掛け敵がそこに入ったので遠方から爆弾のスウィッチを押そうとしたとき、その敵に撃ち殺される例、神棚には紙があって燃えやすいとか、嘘つきは泥棒の始まりだが犯罪ではないとか、つり銭は見ないで受け取る方が良い（見て多いのに気がついたのに受け取ると詐欺になることがある）とか、他愛もないことですが良く反応してくれました。

(3) 学内行政のこと

　学内行政では、教務委員以外のほとんどの委員を経験しました。学生部委員・部落問題委員・外国人問題委員・全学共通カリキュラム委員など、他学部の先生と知り合いになる機会の多くはこれらの委員会においてでした。あの先生はあの委員会で一緒でしたという

ことが、年毎に増えてきました。学生部のとき、市大出身のある他学部の先生が学生に厳しい姿勢を示しているのを見て、当初は以外に思いましたが、そのうちこれも後輩に対する愛情の表現と納得がいったこともありました。

2004年4月、図らずも学長の指名で副学長を拝命しました。その後の2年間は、会議の連続で、その合間をぬって法科大学院の授業、大学院生の指導、学会や学外の研究会への参加、論文の執筆など、今から思うと生涯で最も多忙な2年間でしたが、渦中にあるときにはそのような思いもなく、夕方のビール数杯を楽しみに毎日を過ごしていました。金児学長・角野副学長と私とのトロイカ方式で、時には冗談も交えながら気持ちよく勤めさせていただきました。副学長の仕事の中心は、本学の法人化の準備作業でしたが、事務局スタッフを含む多くの方々に協力していただき、何とか間に合わせることができました。その後、大阪市の財政難に直面して、必ずしも私たちが当時思っていたように事態が進行していないことは、残念としか言いようがありません。

そのように困難な状況の中で、副学長時代に学長の強力な後押しで始まった英語教育の改革が、2007年度に実現に至ったことは本当に喜ばしいことでした。2005年度に当時の唐沢教務部長（現副学長）、飯吉大学教育センター委員の協力を得て、英語教育検討委員会を主催し、2006年度は準備委員、2007年度は運営委員として関与してきました。とくに超多忙な中で細部に至るまで配慮し確実に実行されてきた中村副学長には頭の下がる思いです。退職の5日前の3月27日、最後の運営委員会があり、その後の懇親会で送別の言葉を伺いながら、微力を尽くした成果が目に見える形で残ることを思い、感慨を覚えました。

総じて、私の大阪市大での28年間は、誠に恵まれた教員生活でした。大阪市大の自由な学風は私の研究生活の支えであり、事務室や事務局の職員の方々は惜しまずに協力してくださり、他学部を含む教員の方々とも気持ちの良い交流ができました。もちろん、気の滅入ることや腹の立つことがなかったわけではありませんが、それを補って十分に余りのある28年間であったと、今は感謝の気持ちで一杯です。

有恒会報183号（2008年）

第Ⅱ部

恩師・先生・先輩

1 佐伯千仭先生

1 佐伯先生の教え

　私が佐伯先生の教えを受けたのは、1969年、修士課程1年のときである。それは、宮内先生がドイツで急逝されたこともあり、佐伯先生が、戦後京都大学を去られてからはじめて非常勤として1年間だけ大学院の講義を担当されたまさにその機会に遭遇したことによる。同期は内田君（現・九州大学）と福瀧君（現・関西大学）で、福瀧君はその後専攻が商法に変わった。毎週、立命館大学（当時は御所の近くにあった）の研究室に伺い、はじめてのヒゲ文字に悪戦苦闘したことが想い出される。戦前に、先生がフォイエルバッハのレヴィジオンを読むために東北大学まで出かけ、写真は駄目だというので筆写したことを伺ったのも、フォイエルバッハ＝ミッターマイヤーの浩瀚な書物を例に、刑法についての考え方で自分の創見であるといったようなことを言うと大抵は間違っている（勉強不足に過ぎない）と話して下さったのも、この講義でのことであった。講義の後で祇園の梅鉢にも何度か連れて行っていただきご馳走になった。そもそも学者とは何なのかを身をもって教えていただいたように思う。

　その後は、刑法読書会および大阪刑事訴訟法研究会で、ほぼ毎月2回お会いすることになった。以前に書いたことがあるが（『続・梁山泊の人々』）、刑法読書会の夏合宿で、佐伯先生は、1971年にシュトラーテンヴェルトの『行為責任と量刑』、1987年にギュンターの『可罰性と違法阻却事由』、いずれも本1冊を紹介された。先生にお会いする

たびに「もっと努力しなくては」と反省し続けたことが、私が何とか研究者として過ごしてきた支えであった。私が先生に喜んでいただいたのは、1985年に佐伯説とギュンター説とを対比した論文がドイツのZStWに掲載されたのを見ていただき、1987年に先生の「可罰的違法序説」のドイツ語訳をRitsumeikan Law Reviewに掲載するにあたり下訳をさせていただき、また、1989年にギュンター氏の講演記録を先生と一緒に翻訳・紹介させていただいたこと（『犯罪と刑罰』6号）であった。

1987年11月から、井戸田先生と私とで、佐伯先生の戦前・戦後のわたるご活動に付いてヒヤリングを行うことになった。佐伯・井戸田法律事務所で、幼年・少年時代に始まり、五高時代、京大法学部学生時代、京大助手時代、同助教授時代、同教授時代、戦時体制下、敗戦直後、立命館大学教授時代、同退職後と、順次お話を伺ったが、瀧川事件のことなどオフレコの部分もあった。このヒヤリングのうち刑法改正に関する部分は、前記の『犯罪と刑罰』6号に掲載されている。その他の部分については、先生が「自分が生きている間は公表はまかりならぬ」とおっしゃられたのでそのままになっているが、いずれ公表の機会があるものと願っている。

先生がご他界され、現在は、長年の支えを失ってしまったという喪失感を覚えると同時に、還暦に達してようやく独り立ちしなければならないような心境にある。佐伯先生を偲ぶ会の準備会に参加し「佐伯千仭先生の足跡」の原案を書きつつ、改めて「巨星墜つ」の思いを深くしている。今はただ長年の学恩に感謝しつつ、ご冥福をお祈りする他はない。

佐伯千仭先生を偲ぶ会『追悼文集』（2007年）

2 師に恵まれての出発──通説・師説・自説からの自由

　ロースクール時代に入って、実定法分野の研究者を今後どのようにして養成するかが重要な課題となっている。ロースクールでは比較法（とりわけドイツ法・フランス法）の研究は稀であり、また、優秀な成績で新司法試験に合格した者に、後期博士課程に進学して学費を払うように勧めることも難しい。それに比べると、私の研究者としての出発点はずいぶん恵まれていた。とりわけ師に恵まれた。

　私が大学院に入ったのは、1969年4月であり、学園紛争の真っ直中で卒業式も入学式も取り止めであった。大学では裁判問題研究会に所属し（本シリーズ15で岡田正則教授が別の大学で同じ名称の研究会に属していたと書かれており奇縁を感じている）、小繫事件や八海事件（1951年発生の強盗殺人事件）を扱った。その研究会の先輩の勧めもあって、学部のゼミは民事訴訟法（中田淳一先生）であったが、大学院は刑事法（平場安治先生）を選んだ。論文のテーマを刑事鑑定とし、ドイツ法との比較研究を行った（平場先生の紹介で八海事件の担当弁護士から法医学鑑定の資料をお借りし、沢山の写真にうなされる思いをしたことを想い出す）。

　平場先生は、いわば放任主義で、研究テーマの選択も自由、研究の仕方も自由であり、各自奮励努力せよという姿勢であったが、こちらから質問や相談に伺うといつも丁寧に応えて下さった。私にとっての幸運は、修士課程の1年間、佐伯千仞先生が非常勤で大学院の刑法のゼミを担当して下さることになり、立命館大学の先生の研究室に毎週1回伺ったことであった。そこで佐伯先生から、真の研究者とはどういうものかを身をもって教えていただいたといってよく、私の研究者としての立志の原点はそこにある。

19世紀のドイツ刑法学を原書で読みつつ、色々な話を伺った。フォイエルバッハ＝ミッターマイヤーの著書を示しながら、ほとんどの学説はすでにそこに書かれており、学者が自分の創見という場合その多くは勉強不足を示すものだと言われたのも、フォイエルバッハのレヴィジオンを読むために東北大学まで赴いたという話を伺ったのも、通説・師説・自説からの自由ということを教えて下さったのもその頃のことである(自説からの自由が一番難しい)。佐伯先生は、報告をするとよく誉めて下さったが、(不十分なことを自覚している自分は) 内心忸怩たる思いをすることが多く、終了後はいつももっと頑張らなくてはという思いに駆られた。今から思うと上手に未熟者にやる気を起こさせていたことが分かる。

当時、大学の近くに泉ハウスという (刑事法関係の会合や研究会等のために医師の泉正夫先生が提供して下さった) 施設があり、私は修士課程の2年間、そこの管理人をしていた。毎月1回の刑法読書会 (佐伯先生・平場先生が中心になって創設された関西の研究会)、毎週の平場先生のゼミと昼食会、院生仲間の研究会などが開催され、宿泊される先生も多かった。その後、関西大学助手として植田重正先生、中義勝先生の指導を受けた。どの先生も、自説を押し付けることは皆無であり、むしろ師説からの自由を実践され、鮮烈な印象を残して他界された。そのご恩は、院生や若手の研究者が私と同じ思いを抱くような指導をすることによって返すしかないが、はなはだ心許ない日々である。

法学セミナー52巻8号「立志17」(2007年)

3　佐伯千仭先生の蔵書について

　佐伯千仭先生の蔵書がご遺族から立命館大学に寄贈され、「佐伯千仭文庫」としてその目録が出版されることとなった。単行本の洋書が890冊、和書が564冊、雑誌の洋書が20タイトル472冊、和書が16タイトル37冊という膨大な量の蔵書であり、これらをすべて分類・整理されたことに、まず敬意を表したい。

　目録を通覧しつつ、改めて「蔵書は人を語る」という感を深くしている。在りし日の先生のお姿を偲びつつ、筆者自身の想い出を含めて、以下「佐伯千仭文庫」の特徴をいくつか挙げさせていただくことにしたい。

　第1に、洋書のほとんどはドイツ語文献である（英語・フランス語・ロシア語の文献もあるが、多くはない）。佐伯先生は、1907年12月熊本県に生まれ、旧制第五高等学校高を卒業して京都帝国大学に入学されたが、五高時代に学んだドイツ語は、大学時代にはすでに自家薬籠中のものとされていた。当時、伏せ字だらけのマルクス主義の本の翻訳があったが、ドイツ語の原文をもとに伏せ字を全部復活させたと伺ったことがある。その後、マルクス主義と距離を置くようになったきっかけも、Funktionというドイツ語につき文脈上「関数」と訳すべきところを「機能の概念（数学的意義における）」と訳していることに落胆したことであった。このことはご著書『刑事法と人権感覚』（1994年、法律文化社）19頁以下に記されている。

　第2に、戦前のドイツ語文献（および英語文献）では（刑法）哲学、心理学、刑事政策などに関するものが目につき、刑法の教科書やモノグラフィーは、もちろんかなりあるが、必ずしも網羅的ではない。

これに対して、戦後、1970年代までのドイツ語文献は、刑法関係の主要なものがすべて揃っているといっても過言ではない。

　佐伯先生は、1930年に京都大学の助手、32年に助教授（33年に瀧川事件のため立命館大学に転職されたが翌年復職）、41年に教授となられたが、戦後、1947年に教職不適格の指定を受けて京都大学を退職し、54年に立命館大学に就職、73年の定年退職まで勤められた。京大時代、佐伯先生は、図書館の刑法関係の書物にはほとんど目を通していたといわれており、実際、筆者も偶然手にした刑法関係の書物に佐伯先生の書き込みを発見したことが再三であった。図書館の本は、いつでも自由に利用できるものと考えてこられた先生にとって、京大を去りそれが利用できなくなったことは大事件であった。その経験を通して、佐伯先生は、必要な書籍は図書館を利用するのではなく自分で購入するという方針を立てられたと伺ったことがある。教科書はもとより、記念論文集、主要なモノグラフィーや戦前の書物の復刻版の他に、全刑法雑誌の（若干の脱漏はあるが）1巻から105巻まで、ドイツ帝国裁判所刑事判例集1巻から75巻までが揃っていることは、そのような方針の顕れといえよう。

　第3に、蔵書の分野が、刑法に限らず、刑事訴訟法および刑事政策にも及んでいることである。佐伯先生は、戦後すぐ、戦時中の講義を基に『戦争と犯罪社会学』（1946年、有斐閣）を出版されており、刑事政策学に関心を示しておられた。『刑法における期待可能性の思想・上・下』（1947年、1952年、有斐閣）は、戦後初期における日本刑法学の金字塔であり、佐伯刑法学が学界に及ぼした影響は計り知れない。さらに、立命館大学教授として研究・教育に従事されつつ、著名な刑事弁護士として活躍された。『刑事裁判と人権』（1957年、法律文化社）、『法曹と人権感覚』（1970年、法律文化社）、『刑事訴訟の理論

と現実』(1979年、有斐閣)は、佐伯刑事訴訟法学の3部作と呼ばれている。蔵書は、佐伯先生がまさに「全刑法学」(リスト)を体現しておられたことを物語っているといえよう。

最後に、筆者自身にとって想い出深い書物について触れておきたい。筆者は、京大の修士1年の時(1969-70年)に、たまたま佐伯先生が非常勤として京都大学の大学院のゼミを受け持たれた機会に教えを受けた。当時、広小路にあった立命館の研究室で、毎週1回、中村義孝先生、久岡康成先生、内田博文君(九大)、福滝博之君(関大)と一緒に、19世紀のドイツの刑法の教科書を読んだ。その時に、蔵書の中にあるフォイエルバッハの教科書にミッターマイヤーが詳細な注を付したものを示して、この本の中には考え得るほとんどすべての学説がすでに示されている、ある考えを自分の創見であると見栄を張っている人の多くは自分が勉強不足であると言っているようなものだ、という趣旨のことを言われた。このことは、その後の筆者の研究者としてのあり方に影響を及ぼした(大阪市大法学雑誌55巻1号454頁)。

もう1つは、蔵書の中に2組あるフォイエルバッハのいわゆるレヴィジオンである。昭和の初期、佐伯先生は、この本が東北大学のK先生のところにあるという情報を得て、それを読むために京都から仙台まで行かれたが、写真撮影は許されず主な箇所を筆写して帰ったというお話を伺ったことがある。貴重な本を持っていること自体が学者の権威を示すような時代のことであり、今日では隔世の感があるが、この話を想い出して、中山研一先生、松宮孝明さんとの共著に『レヴィジオン刑法』という名称を付したのである。

筆者も是非そうしたいと考えているが、学生諸君とりわけ院生諸君は、一度「佐伯千仭文庫」を訪れて、佐伯先生の書き込みを目に

していただきたい。もちろん諸君は、図書館の本に勝手に書き込みをしてはならない。

立命館大学図書館『佐伯千仭文庫目録』(2009年)

② 刑法読書会・泉正夫先生

1 管理人の2年間

「泉ハウス」は、私の大学院時代そのものであり、想い出は数つきず感謝の念は筆舌につくし難いものがある。昭和44年度および45年度の2年間、修士課程の期間がそのまま院生兼管理人の期間であり、福井さん(法政大)から受けつぎ立石君(三重短大)に引きついだことになる。正確に何代目の管理人かは、当時も今日も確言できない。私が管理人になった経緯は、遡れば昭和40年の大学入学時に至る。入学と同時に入会した学生サークル「裁判問題研究会」のチューターが、当時大学院生の斉藤さん(甲南大)であり、何度か「泉ハウス」2階で研究会がもたれた。当時のガリ版刷り冊子『裁判』3冊は、変色して今も手許にある。その後福井さんが管理人になると共にチューターとなり、その後を私が引きつぐことになったわけである。当時は学園紛争のさ中であり、大学の研究室の図書が「泉ハウス」に避難してきて問題になったこともあった。平場先生が、徹夜団交の後、「泉ハウス」で仮眠されたこともあった。管理人1年目は、全国的な紛争の余波で利用者が必ずしも多くなく、一事は廃止案が議論されたこともあったが、2年目にかけて漸次盛況となった。その

間の目立った変化の1つは、2階南側の部屋を洋間に改造していただいたことであり、今1つは、上記廃止案との関連もあって、長く中断していた「昼食会」が復活されたことである。平場先生の大学院ゼミを同時に行うことで、毎週1回の昼食会がもたれた。できばえはともかくアルバイトの女子学生は、皆よく奮闘してくれた。

　私が管理人であった期間に、遠方より来て下さった方で特に印象深いのは、関先生、藤尾先生、阪村先生、森下先生などである。関先生の外国のお土産話は、その温和なお話しぶりとともに懐かしく想い出される。藤尾先生は、当時内地研修で1年間新潟から京都にこられており、大学院性の読書会にも快く参加して下さった。山岸さんと藤尾先生との長い議論が想い出される。阪村先生は、当時広島から時々上洛され、夜を徹して色々なお話を伺ったし、森下先生は、宝が池での国際会議の折に宿泊して下さった。大学院性になりたての私にとって、「泉ハウス」での諸先輩・諸先生との会話は、学界に開かれた「窓」であり、何にもまして嬉しいことであった。とりわけ毎月1回の馬町にある泉先生宅への訪問は、「泉ハウス」の近況報告と運営費を受領するためであったが、むしろ泉先生のお話を伺うのが楽しみであった。私が修士論文のテーマを「刑事鑑定」としたのは、上記「裁判問題研究会」で「八海事件」をテーマにとりあげたことによるが、法医学者でもあられる泉先生のお話が研究の支えであった。この場を借りて、研究および学生生活の両面にわたるご援助に改めて感謝の意を表するとともに、先生の御健康を衷心より願ってやまない。

　さて、私は今年で大学卒業後10年目を迎えているが、この10年間は文字どおり「刑法読書会」の庇護の下にあった。最初に「刑法読書会」に出席した時の緊張感を忘れぬように、というのが研究者

としての私の出発点であり、今も自省の基準となっている。修士2年で慣れぬドイツ語に取り組み、ハイニッツの鑑定人に関する論文を紹介した時、40枚弱の原稿がいかに長く感じられたことか。ふりかえってみる時、大学院性にとって「読書会」のもっている意味の重大性を再認するとともに、創始者であられる佐伯先生、平場先生の思いやりと、それを受け継がれた諸先生の学恩に対しては、表す言葉を知らない。学界での交流範囲が広がり、関東の研究者仲間が「刑法読書会」について語る時、そしてそれを聞く時のえも言われぬ雰囲気の中に、今更ながら思いを新たにするのみである。最後に、「それに溺れてはいけない」というのが「刑法読書会」の不文律であることを、今一度自省して拙文を終えたいと思う。

文集編集委員会
『梁山泊のひとびと―泉ハウス・刑法読書会20周年記念文集』(1978年)

2 初心に返って

30周年記念の一文を書こうとして『梁山泊のひとびと』をパラパラと読み返しているうちに2時間が経ち、もうそろそろ書き始めなければ締切(1988年7月末日!)に間に合わないと思いつつ、ついつい泉ハウス・刑法読書会と自分のこれまでの研究生活との関わりを、取り留めもなく想起しつつ、また1時間が経った。

今回の近江八幡の刑法読書会夏期合宿には、約40人の会員が参集し、とりわけ佐伯先生が最初から最後まで参加された。『梁山泊のひとびと』の中川先生の報告にも記されているが、佐伯先生は昭和46年三井寺円満寺の夏期合宿で、シュトラーテンヴェルトの小冊子『行為責任と量刑』について報告された。この時のことは、不思議と

記憶にある。少し薄暗い感じのあまり広いとはいえない畳の部屋だったと思う。中川先生によれば出席者は 27 名とある。いかにも「合宿」という感じであった。

　あれから 15 年、今回の近江八幡合宿は、結婚式場にも用いられる豪華な会場で、立派な会議室で椅子に座って行われた。隔世の感を覚えざるをえない。私自身、当時はまだ最年少会員の気分が抜けずに甘えていたが、今回など年齢的には（気分としてはそうではないという意味）年長者のグループに入っており、また、この間に関西大学から大阪市立大学に転職して、研究環境も大幅に変わった。しかし、変わらない部分もある。今回、佐伯先生が紹介されたのは、ギュンターの 400 頁近い大著『可罰性と違法阻却事由』であった。いずれも本 1 冊の紹介である。大学院時代からずっと、先生にお会いする度に「もっと努力しなくては」と反省し続けてきた。今回も同じである。それが、元来怠惰な私が何とか今日まで研究者として過ごすことができた支えである。

　さて、泉ハウスの 30 周年である。『梁山泊のひとびと』にも書いたが、私が泉ハウスの管理人をしていたのは、昭和 44 年度および 45 年度の 2 年間であり、そこに私のこれまで 20 年近い研究者生活の原点がある。毎月の研究会で泉ハウスを訪れ。そこにあるのが当然という感じになってしまっているが、考えてみれば、泉先生が 30 年の長きに亘ってこのような施設を維持してこられたのは大変なことである。もし泉ハウスが無かったならば、関西の刑法学は今日とはかなり様相を異にしていたと言っても過言ではないであろう。泉先生には、最近も私の知り合いの人が難病に陥り、その難病専門の先生を教えて頂くなど、いつもお世話になるばかりである。何とか先生の御恩に報いるとすれば、先生が大阪大学法医学教室から京都

大学法学部に来られた時の学問的関心である「鑑定論」について、纏まった業績をあげる以外にはないように思われる。そうと思いつつ遅々として研究は進まないが、是非とも末永く見守って頂きたいと念願している。私は、これまで佐伯先生、平場先生はじめ多くの先生・先輩の庇護のもとに幸運な研究生活を送らせて頂いてきた。この上は、自分自身良い年になってきたことでもあり、自分の研究を全うすると共に後輩諸君を叱咤激励することが、これまでの学恩に報いる術と心得て、またこれからの10年間を送りたいと思う。

最後に、泉ハウス管理人の時代から懇意にして頂いた関先生が本年3月に急逝されたのは、返す返すも残念である。先生の独特のお話振りや時折いただいたお土産の焼売を想い起こしつつ、今は御冥福をお祈りする他はない。

文集編集委員会
『続・梁山泊のひとびと―泉ハウス・刑法読書会30周年記念文集』(1989年)

3 泉先生へのお礼状

先生がご他界されてから、早くも10カ月が過ぎようとしております。このところ日増しに年月の経過が早く感じられ、自分の年齢を再確認して愕然とする思いです。

私がはじめて先生にお会いしたのは、1969年、今から29年も前になります。修士課程1年生に入り、泉ハウスの管理人としてご挨拶に伺いましたが、大学を出たばかりで社会経験もない若造の私を一人前に扱って下さったことで、恥ずかしいような誇らしいような感じがしたことを思い出します。先生は、いつも温和で優しく寛容に接して下さいました。小学時代に父を失い、大学時代には母を失

い、京都に身寄りもない私にとっては、まさに慈父の如き存在でした。当時の先生がまだ49歳の働き盛りであり、現在の私よりも若かったとは、今から思い返しても到底信じられない思いです。

　当時すでに修士論文のテーマを刑事鑑定に決めていた私は、馬町の先生のご自宅に伺うたびに、先生から法医学鑑定等について教えていただきました。その時に、先生が阪大法医学の助手をされ、その後一念発起して京大法学部に入学され、さらに大学院で平場先生の下で研究された後、開業医になるに至った経緯も、その間の先生の思いを交えつつ話して下さいました。刑事鑑定は、もし先生が大学院から研究者の道に進まれたならば必然的に研究テーマとされていた領域であり、当時の私は、かなり遅れて先生に代わって研究しているという思いでした。

　先生の作られた泉ハウスは、その後も刑事法研究者の交流の場として、多数の同輩・後輩を育んできました。その次第は、『梁山泊のひとびと』『続・梁山泊のひとびと』に生き生きと記されています。また、先生の発案と財政的支援で刊行された『犯罪と刑罰』誌は、近々13号を発刊の予定で、これまで学界に多大の貢献を果たしてきました。先生は、「お金は大事だがお金に負けてはいけない」ということを、泉ハウスの設立とその後のご支援を通じて、身を以て教えて下さいました。泉ハウスの設立が、決して先生がお金が余ったから作ったというわけではなく、なけなしのお金を使って行われたことは、『続・梁山泊のひとびと』(19頁) にも記されていますが、そのような発想に至ること自体が、私共には至難なことと思います。

　一昨年の夏、先生から蔵書の整理をしたいので病院まで来てほしいという連絡をいただき、西成の病院に伺いましたが、その時に、先生は「どうしても私に診てほしいという人がいるので、身体は不

自由だけれども1週間に1度来ているんですよ」と言っておられました。それを伺って、改めて現代の「赤ひげ」先生という印象を強く致しました。また、その時にはじめて、先生が戦時中に南方に従軍医師として出征され、当地で伝染病や風土病などに対処されていたことを知りました。病気の種類や症状について書かれた古い小冊子も見せていただきました。そのような戦争体験も、先生のその後の人生観に影響していたのではないでしょうか。

　先生と中山先生の共編著『医療事故の刑事判例』(初版、1983年、成文堂)の「あとがき」に、先生は、長期にわたり大阪府医師会の医事紛争処理に関与され、誤診と誤判との構造的な酷似に興味をそそられたと書いておられます。そのような観点から、同書において先生は「北大電気メス事件の実像と虚像」という論文を書かれ（351頁以下)、一見、理路整然としており何の疑点をはさむ余地もないかに見える判決の事実認定に重大な誤りがあることを指摘されました。そこでは、本件事故の原因は、判決が認定したような看護婦によるケーブルの誤接続にではなく（看護婦は一貫して否定していた)、古くて小さい子供用対極板を用いたこと、その装着方法の不備、対極板ケーブルの差し込み部分の接触不良にあったことを、素人にも分かりやすく解説され、誤判に至った原因の一つに単独鑑定（しかも北大関係者による）の偏重があったことを鋭く批判されました。読了して目から鱗が落ちる思いを味わったのは、私だけではないと思います。また、本件事故の責任を負うべき者として多くの関係者（教授・助教授）がいたにもかかわらず、「結果としてこれ等の関係者の中で一番下っ端でしかないA看護婦がただ一人有罪となって幕が下りる。あとは一切お構いなしではストーリーが一方的ペースにうまく出来すぎている気がしないでもない」(381頁)というご指摘に、この事件の処

理が先生の正義感に抵触した事情が窺われます。「多くの医療過誤刑事判例に接して思うことは、起るべくして起った背景に漂う安易ムードのことである。医療の場と裁判の場には共通して緊張したムードがみなぎっていなければならない」(382頁)という先生の年来のご主張が、医師に対する批判を含んだこのような論文を書かせたものと思います。

先生には物心両面において本当にお世話になりました。泉ハウスの管理人という地位は、下宿代がいらないというだけでなく、多くの先生・先輩・後輩との交流の場を提供していただいたことで、私のその後の研究者としての生き方を方向づけるものでした。先生の思いやりと正義感は、私ばかりでなく先生に接した多くの人々に深く刻まれています。本当にありがとうございました。

刑法読書会・泉先生追悼文集編集委員会
『泉先生と泉ハウス―御遺稿と追悼文集―』(1998年)

③ 中山研一先生

1 市大法学部の中山先生

中山先生が大阪市大法学部に来られてから、5年が過ぎようとしている。私はその前年に奉職したので、どちらも学部ではいわば新参であるが、そのことが全く気にならないのは、寛容で自由な学部の雰囲気によるところが大きい。私は、先生が来られた翌年から2年近く留学していたので、市大法学部のスタッフとしてお会いして

いるのは、わずか3年であるが、大学院時代から数えると、すでに15年以上も指導していただいたことになり、現在も引き続き御面倒をかけつつある。右の私の留学も、先生に来ていただいたお蔭で、スムーズに終始することができた。

「最近、中山先生も変わられた」と聞くことが多い。たしかに、逸早くワープロをマスターされ、教授会後や研究会後の懇親会では（少量ながら）ビールを飲まれるし、最近はテニスも始められた。しかし、翻って考えてみると、当然のこととはいえ、私自身の中山先生像は、終始変わらない部分の方がはるかに多い。研究会には定刻前に来られ、各研究報告に対して適切な助言やコメントをされ、間断なく仕事を続けておられる御様子は、この10数年来変わらないところである。ビールを飲むようにはなられたが、ビールに飲まれがちの私共に対して「既に酔っているのにもう一杯飲むのは無駄である」と諭されるのを伺うと、変わらないという感を深くすると同時に少し安心もするのである。

現在、関西の刑事法関係の大学院生は、その多くが直接・間接に中山先生の指導を受けており、学生や司法試験受験生に対しても、気さくに質問に答えておられるのを見ることも多い。私自身も、同じ電車での帰宅途中など、騒音の中で質問し、お話を伺うことが再三にわたるが、いつも機嫌よく応じていただき、駅が近く感じられる。かつて泉ハウスの管理人をしていた大学院生の頃、始めて先生のお宅に伺い、近くの畑でいちご刈りをしたことも、懐かしい思い出である。

市大法学部で先生は、現在、評議員として学部の意見を全学に示す要職におられ、ますます御多忙である。今後とも、御健康を維持され、私を含めて後進の者を末永く叱咤激励していただけるものと

信じ、また、先生ご自身も、常に現役として御活躍されることを願ってやまない。

中山研一教授の還暦をお祝いする会
『余呉の湖 中山研一教授還暦記念誌』(1987 年)

2 中山研一先生の思い出

　私が中山研一先生(以下「先生」という)に初めてお目にかかったのは、京大法学部の学生時代 (1967 年頃) であるが、当時、先生の講義 (「ソビエト法」) は受講していなかった。1969 年に大学院修士課程に入学し「泉ハウス」の管理人となった後は、「刑法読書会」で定期的にお会いするようになった。それから実に 40 年以上にわたり、公私ともにご指導を受けてきた。長岡天神のご自宅に妻子を連れて伺ったこともある。1982 年 4 月に先生は、京都大学法学部から大阪市立大学法学部に移られ、1990 年 3 月まで 8 年間は同僚として勤務させていただいたので、さらに親交は深まった。

　「刑法読書会」「刑事判例研究会」「刑事法学の動き」「大阪刑事訴訟法研究会」「『医療と法』関西フォーラム」「経済刑法研究会」「日弁連刑事法制委員会」などにおいて、常に同席させていただき、毎月 3 回以上お会いすることが、20 年以上も続いてきた。「刑法読書会」は私にとって研究者としての育ての親のようなものであり、日本にいるかぎりは、欠かさず出席してきた。佐伯先生、平場先生、中先生が亡くなられた後、今日まで支えてこられたのは先生であった。「刑事判例研究会」「刑事法学の動き」も長期に及ぶが、先生はほぼ皆勤で、年に数回は報告もされた。「大阪刑事訴訟法研究会」には、10 年ほど前から参加されるようになった。「『医療と法』関西

フォーラム」は、先生が代表者となって創設されたものであり、先日の記念シンポジウムでは、私が「故・中山研一先生の医事法学について」というテーマで報告させていただいた。「経済刑法研究会」も、先生の肝いりで発足したものである。「研究会には出るのが当たり前」と自然に考えるようになったのも、先生の教えの賜物である。1988年からは、先生の推薦で「日弁連刑事法制委員会」の助言者にさせていただき、ご逝去直前まで一緒に参加してきた。

　懐かしいのは、1995年正月から、先生の発案で、先生（1927年生まれ）、小生（1946年生まれ）、松宮孝明君（1958年生まれ）という世代の違う3人で『レヴィジオン刑法』を出版しようということになり、中山先生のご自宅で研究会を重ねたことである。終了後は、奥様の手料理をご馳走していただいた。『レヴィジオン刑法』は、1997年に「共犯論」、2002年に「未遂犯論・罪数論」、2009年に「構成要件・違法性・責任」を発刊して一応の完結を見た（刑法各論には及んでいない）が、2006年4月に先生の奥様が亡くなられ、完結の報告ができなくなってしまったのは、誠に残念であった。

　それにしても、先生の業績は膨大な数に達する。戦後日本の法学界において最も多作の先生といっても過言ではないであろう。刑事法研究第14巻『佐伯・小野博士の「日本法理」の研究』の発行日は2011年7月1日であり、ご逝去が7月31日であったことからも分かるように、先生は終生を研究に捧げられた。著書の多くは株式会社成文堂から出版されており、成文堂の阿部義任前社長との出会いについては、『一定刻主義者の歩み』147頁以下に記されている。熱海にある成文堂のマンション（熱海ハウス）が、長く先生の仕事場であった。先生を通じて、成文堂の土子三男さんと知り合いになり、今では私にとって最も親しい方の一人となっている。熱海ハウスも

何度か使わせていただいた。土子さんによると、先生は決して原稿を書かれるのが早いわけではなく、その代わりほぼ毎日200字10枚ほどの原稿を書いておられたとのことである。先生ご自身から、1日を午前・午後・夜に3分し、そのうち1つ(2つ)が他の用事で仕事にならなくても、他の2つ(1つ)は仕事をすると伺ったこともあった。私は、締め切りが過ぎてギリギリになると徹夜で1日50枚ほど書くこともあったが(最近はそれも無理になった)、その前後2・3週間は何も書かない日が続く。ささいな用事が1つでもあると、その日はそれで終わりである。無為に1日を過ごした後、「これでは中山先生に叱られる」と思うことの繰り返しであった。

　先生は、私の知るかぎり、誰に対しても偉そうに振る舞うということがなかった。大学院生や若手研究者の報告に対しても、真摯に受け止めて的確なコメントを加えられ、そこから何かを学びとろうという姿勢で接しておられた。もっとも、以前から日本の体制側イデオロギーとりわけ保安処分や治安法に対する批判は厳しく、いわゆる実質的犯罪論に対しても強く批判してこられた(『刑法の基本思想』252頁)。また、ここ数年は若干気が短くなられたのか、「その研究に一体どのような意味があるのか」などと辛辣に問われることもあった。学問的批判は厳しかったが、人格的批判をされることは殆どなかったと思う。先生のおられない研究会は、ポッカリと穴が開いている感じがする昨今である。

　思い出は尽きないが、先生の後継者の一人として、先生のご遺志を引き継ぎ、次の世代に伝えていきたいと思う。先生、ありがとうございました。安らかにお休みください。

「中山研一先生を偲ぶ」文集刊行委員会
『定刻主義者逝く―中山研一先生を偲ぶ―』(2012年)

3 故・中山研一先生の医事法学について

ご紹介いただきました浅田でございます。

中山研一先生は、1927 (昭和2) 年のお生まれで、本年7月31日に逝去されました。84歳でした。先生は、昭和28年 (1953年) に旧制の京都大学法学部を卒業され、京都大学大学院研究奨学生および助手を経て、昭和31年に助教授、昭和43年に教授となられ、昭和57年 (1982年) に退職されるまで、京都大学でソビエト法および刑法を担当されました。その年に大阪市立大学法学部に就職され平成2年 (1990年) まで8年間勤められてから、北陸大学法学部の創設に関わって10年ほど勤められ、その後、弁護士登録をされました。私は、昭和44年 (1969年) に大学院に入ってから折に触れて中山先生の指導を受け、大阪市立大学では同僚でした。この20年間ほど、研究会などで、毎月3・4回はお会いする機会があり、親しく指導していただいてまいりました。そのようなことで、本日、田中先生からの依頼を受けまして、短い時間ではございますが、中山先生の医事法学について、その一端をご紹介させていただくことになりました。

中山先生は、もちろん医事法学のみの専門家というわけではありません。日本刑法学会の理事、民科法律部会の理事、日本医事法学会の理事を歴任され、日本の民主主義刑法学の第一人者と目されていました。そのご研究は、初期のソビエト刑法研究から、治安法の研究、さらに刑法学の全分野に及んでおります。日本を代表する刑法学者の1人といって過言ではありません。

先生は、日本弁護士連合会「刑法『改正』阻止実行委員会」に助言者として参加され、その後、亡くなられるまで「刑事法制委員会」

の助言者として、日弁連の活動を支援してこられました。また、「刑法読書会」という大学の枠を超えた研究会を中心に、佐伯千仭先生の後を継ぎ、関西の刑事法学をリードしてこられました。これまで、先生の指導を受けた大学院生や若手の研究者は、100名を超えるほどです。

　さて、中山先生の医事法学についてですが、お手元の文献目録をご参照ください。

　まず、医療と法および医療事故関係につきましては、泉正夫先生というお医者さんとの関係が重要です。泉先生は、戦後、阪大の法医学の助手をされていたのですが辞めて京大の法学部で刑法を勉強され、その後開業医となられた方です。京大の近くに「泉ハウス」という刑法の研究会や宿泊に使う家を一軒寄付され、中山先生とも知り合いになって、中山先生の主治医をされていました。この泉先生が大阪府医師会の医療事故に関する委員をしておられた関係で、中山先生と泉先生とで研究会を立ち上げ、その研究成果として出版されたのが、1983年、中山＝泉編の『医療事故の刑事判例』です。この本は、最近、2010年に早稲田大学の甲斐克則さんと共編で『新版』が出版されています。

　中山先生が的場先生、田中先生、小川先生と共に、「『医療と法』関西フォーラム」の立ち上げに積極的に関与された背景には、1980年代からの医療事故に関する関心があったものと思います。

　中山先生が取り組まれた医事法関係の2つ目の分野は、精神障害者問題です。これは、日弁連の「刑法『改正』阻止実行委員会」の助言者として、刑法改正問題の中心課題となった保安処分問題を扱う過程で、その分野の専門家となり、1986年には、『刑法改正と保安処分』という著書を出版されました。その後、いわゆる心神喪失者

等医療観察法が立法問題となり、やはり日弁連の「刑事法制委員会」の助言者としてその活動に参加しつつ、詳細な研究を重ねられ、その成果は、2005年の2冊の著書にまとめられました。

中山先生が取り組まれた第3の分野は、安楽死・尊厳死問題です。これは刑法学において古くから議論されてきた問題ですが、とくにオランダで安楽死を合法化するような動きが出てきたのをきっかけに、比較法を中心に詳細な研究を重ねられ、その成果も、2000年の著書にまとめられています。

第4の分野は、脳死・臓器移植関係です。きっかけは、日弁連の刑事法制委員会がこの問題を積極的に取り上げ、いわゆる「脳死臨調」にこの委員会から参加されていた原秀男弁護士が、梅原猛氏とともに、脳死は人の死ではないが一定の要件のもとに心臓移植は認めるという少数意見を主張されていた関係で、これを理論的に検討するということにありました。脳死・臓器移植をめぐる議論を正確に跡づけた研究が1989年の著書、および1992年の著書にまとめられています。安易な脳死判定、臓器移植に警鐘を鳴らしたものといえます。

以上の通り、中山先生は、日本の医事法学の発展に多大の貢献をされました。医事法関係の著作だけでも、ここに挙げたように大変な数になります。もちろん、他の分野についても著書・論文は膨大なもので、日本の刑法学界でもっとも業績の多い研究者といえます。積み上げれば背丈に達するほどです。

このような先生と長いお付き合いをさせていただいてきたわけですが、先生は、本当に偉い先生であるにもかかわらず、若輩の私達に対しても常に優しく気さくに接してくださいました。終生を研究に捧げられた先生で、仕事が勉強で趣味も勉強、研究会に出席され

ていると機嫌が良いという先生でした。先ほども申しましたように、大学の枠を超えて多くの若手研究者を育成されました。このような先生を偲び、2012年2月5日に京都で「中山研一先生を偲ぶ会」を開催する予定で準備を進めております。小川先生にお願いして「『医療と法』関西フォーラム」の名簿を送っていただき案内をさしあげましたので、届いていることと思います。ご参加いただければ幸いです。

2011年10月15日「医療と法」関西フォーラム例会報告（2011年）

4　中山研一先生を偲ぶ

① 中山研一先生（以下「先生」という）は、1927（昭和2）年1月9日のお生まれで、2011年7月31日に逝去された。享年84歳であった。先生は、昭和28年（1953年）に旧制の京都大学法学部を卒業され、京都大学大学院研究奨学生および助手を経て、昭和31年に助教授、昭和43年に教授となられ、昭和57年（1982年）に退職されるまで、京都大学でソビエト法および刑法を担当された。その年に大阪市立大学法学部に就職され平成2年（1990年）まで8年間勤められてから、北陸大学法学部の創設に関わって8年間勤められ、その後、弁護士登録をされた。筆者は、昭和44年（1969年）に大学院修士課程に入学してから折に触れて先生のご指導を受け、先生の大阪市立大学時代は同僚でもあった。この20年ほど、学会・研究会・共同研究など、平均して毎月3・4回はお会いする機会があり、親しく接していただいてきた。

先生は、日本刑法学会の理事（1968年から1991年まで、1979年からは常務理事）のほか、民科法律部会の理事、日本医事法学会の理事を歴

任され、日本の民主主義刑法学の第一人者と目されてきた。直系の弟子に当たるのは上田寛立命館大学教授である。最近、上田教授から、先生が1961年5月の青年法律家協会（青法協）京都支部の結成に中核的メンバーとして関わられたことを示す資料のコピーをいただいた。先生の研究は、初期のソビエト刑法研究および治安法の研究、後期の医事法学の研究、そしてその生涯にわたる刑法学全分野の研究に及んでいる。先生は、日本弁護士連合会「刑法『改正』阻止実行委員会」に助言者として参加され、引き続き同委員会を改組した「刑事法制委員会」の助言者として（弁護士登録をされてからは会員として）、亡くなられる直前まで日弁連の活動を支援してこられた（筆者も、先生の推薦により助言者の1人となって、現在に至っている）。

② 関西の刑事法学は、戦後、佐伯千仞先生が、1955年に「刑法読書会」を創設され、同時期に毛利與一先生（弁護士）・網田覚一先生（裁判官）らと共に「刑事訴訟法研究会」を立ち上げられたことによって大きく特徴づけられた。前者は、大学の枠を超えた大学院生および若手研究者を養成する研究会であり、後者は学者・弁護士・裁判官共同の研究会であって、「枠を超える」のが特色である。佐伯先生、平場先生が亡くなられた後、長く「刑法読書会」を支えてこられたのは先生であった。

関西では、毎月、第1土曜日に「刑法読書会」、第4土曜日に「刑事判例研究会」および「刑事法学の動き」があり、先生はほぼ皆勤であった。第3土曜日の「刑事訴訟法研究会」にも、ここ10年ほど出席されてきた。「刑法読書会」は立命館大学の大学院生、「刑事判例研究会」および「刑事法学の動き」は同志社大学の大学院生が事務局として世話をしていただいている。「刑事訴訟法研究会」は佐伯・井戸田法律事務所のお世話である。

先生は、1987年に神山敏雄先生・斉藤豊治先生と共に「経済刑法研究会」を立ち上げて代表者となられたが、この研究会は、当初は甲南大学、現在は立命館大学で継続中である。さらに2001年には、的場梁次先生（阪大法医学）・小川雄介先生（弁護士）・田中圭二先生らと共に「『医療と法』関西フォーラム」を立ち上げて代表者となられ、これも阪大法医学教室で継続中である（筆者は、2011年10月15日に開催された同「フォーラム」のシンポジウムにおいて「故・中山研一先生の医事法学について（当会会長を偲んで）」と題して特別報告を行った）。これらは、2・3カ月に1回開催されている。

　特筆すべきは、これらの研究会がすべて大学院生や法律事務所などのボランティアで運営されてきたことである。ちなみに、年2回の「刑法学会関西部会」は京都大学の刑事法教員のお世話による。このように大学を越え、職業を越え、学部を越えた研究会・学会が創設・維持されてきたのは、佐伯先生・平場先生が始められ、先生が支えてこられた関西刑事法学の伝統であり、そこで多くの大学院生および若手研究者が育ってきたのである。なお、先生ご自身の『一定刻主義者の歩み』（1987年）および『定刻主義者の歩み』（2007年）も参照されたい。

　③　先生の業績は膨大な量に達する。単著だけで41冊、共著・編著・共編著が約30冊、訳書・共訳書が約20冊、論文・書評・判例批評などは約600に達する。刑法学界のみならず日本の法学界で最も多作の研究者といってよいであろう。以下、単著を中心に先生の研究を概観することにしたい。

　先生の第1の研究領域は、ソビエト刑法および治安法の分野であり、『ソヴェト刑法』（1958年）、「治安と刑法」（岩波講座・現代法11巻、1965年）『ソビエト法概論・刑法』（1966年）、『増補ソビエト刑法』（1972

年)、『現代刑法学の課題』(1970年)、『現代社会と治安法』(1970年) などにおいて、資本主義社会 (その発展形態である「帝国主義」) およびその刑法学に対するイデオロギー的批判が展開された。その問題関心は終生変わらず、『ポーランドの法と社会』(1978年)、『選挙犯罪の諸問題』(1985年)、『刑法改正と保安処分』(1986年)、『争議行為「あおり」罪の検討』(1989年)、『ビラ貼りの刑法的規制』(1997年)、『21世紀の刑事立法と刑事裁判』(2009年) へと繋がっている。

先生の第2の研究領域は、医事刑法の分野であり、『脳死・臓器移植と法』(1989年)、『脳死論議のまとめ』(1992年)、『脳死移植立法のあり方』(1995年)、『安楽死と尊厳死』(2000年)、『臓器移植と脳死』(2001年)、『心神喪失者等医療観察法の性格』(2005年)、『心神喪失者等医療観察法案の国会審議』(2005年) などが出版された。脳死・臓器移植問題、心神喪失者等医療観察法問題は、日弁連刑事法制委員会における助言者活動の中で取り組まれたものであるが、後者は、保安処分問題と連動している。

先生の第3の研究領域は、刑法解釈学である。「因果関係」(刑法講座2巻、1963年)、「刑事責任と意思の自由」(法学論叢77巻3号、1965年) を始めとして、『因果関係』(1967年)、『現代刑法学の課題』(1970年)、『刑法総論の基本問題』(1974年)、『口述刑法各論』(1975年、新版2003年)、『口述刑法総論』(1977年、第3版1994年、新版2004年)、『刑法各論の基本問題』(1981年)、『刑法総論』(1982年)、『刑法各論』(1984年)、『刑法 (全)』(1985年)、『大塚刑法学の検討』(1985年)、『アブストラクト注釈刑法』(1987年)、『概説刑法Ⅰ』(1989年、新版2011年)、『概説刑法Ⅱ』(1991年)、『刑法の論争問題』(1991年)、『刑法入門』(1994年)、『違法性の錯誤の実体』(2008年) などに及ぶ。結果無価値論を徹底した中山刑法学は、平野説・内藤説と並んで戦後日本における刑法解

釈学の一翼を担ってきた。

　先生は、初期の「ホンメルの刑法思想」(刑法雑誌14巻1号、3＝4号、16巻1号、1965-68年)やソビエト法研究において刑法思想史を扱われたが、後期には『刑法の基本思想』(1979年、増補版2003年)、『佐伯・小野博士の「日本法理」の研究』(2011年)においてわが国の刑法学史に関心を示された。後者の発刊が2011年7月1日、ご逝去が同月31日であることは、先生が終生を研究に捧げられたことの証でもある。

　④　最後に、先生の業績として特筆すべきは、中山研一＝西原春夫＝藤木英雄＝宮澤浩一編『現代刑法講座』全5巻(1977-82年)の発刊である。これは、先生が関西刑法学のみではなく全国規模で刑法学界の発展に貢献されたことを意味する。刑法解釈学における立場が大きく異なる4名の編者が共同して作業をされたこと自体に大きな意味があったといえよう。そうであればこそ、『中山研一先生古稀祝賀論文集』全5巻(1997年)には、実に84名の多彩な執筆者が記録されることになったのである。

　筆者としてはまだまだ語り尽くせない思いであるが、与えられた紙幅を大幅に超過していることでもあり、ここで擱筆せざるをえない。今はただ先生の公私にわたるご恩に感謝しつつ、ご冥福をお祈りするばかりである。

刑事法ジャーナル31号 (2012年)

第Ⅱ部　恩師・先生・先輩

4　植田重正先生・中義勝先生

1　『窓』

　この冬2度目の粉雪が、疎らにはらはらとあるいは視界を閉ざすほど密に、刻一刻と衣装を変えて緩急自在に舞う姿を窓外に眺めながら、原稿用紙を前に、遠く日本を、関西大学を、そして植田先生のことを思いだしている。……

　千里山の坂道を、ゆっくりと歩いておられる。就職して間もない私はといえば、西村食堂の脇を抜けて近道をしてみたり、グランドを回り生協に寄ってから細い階段を登り図書館前に出てみたりしている。今のように、同じ坂道を歩いていても歩調がちぐはぐである。「どうも足が地に付いていないな」と独りごちながら、もう保健所の横を過ぎて行かれる先生を坂道の途中から見上げて、また歩を進める。

　教官室に入る。奥の左側のテーブルで、中先生や森井先生と、あるいは和服姿の福島先生と歓談しておられる。森井先生は、かつて「植田監督のもと、刑事法のチームワークは随一」と表された。新人の私は、植田先生・中先生・森井先生のお人柄に接する度に、暖かさと厳しさを同時に感じて、関西大学法学部のあり得べき縮図を見る思いを覚えていた。そして急速に馴染んで行くことに半ば驚きながら、半年もたたぬうちに、もうすっかり関西大学が住み良くなっている自分を見出していた。福島先生とは、時折、京都からの電車で御一緒になった。福島先生の退職記念講演は忘れられない。ロー

マ法・ゲルマン法の大きな流れが、門外漢の私にも、それぞれの歴史と共に偉大なパノラマとして現前し、先生の長い研究生活の重みが伝わってきて感動した。……

　植田先生の研究室。H＝ヴェルツェルの刑法教科書を前に、私の拙い訳を聞いて下さっている。昭和46年に就職した私は、助手と博士課程とを兼ねており、博士課程の刑事法専攻者は私だけだった。当時在籍していた山中君・垣口君・元家君にも出席を願って、肩の張らない講義をして頂いた。刑法学会から戻ったばかりの私達は、学界で議論になった「不作為に対する作為的幇助の限界」について、お話を伺っている。……

　「Kazu, Post für Dich!」という呼声で忽ち夢想から現実にひきもどされる。窓外の粉雪は既にやみ、真青なバイエルンの空が目に滲みて、窓一杯に白い冬の陽差しがあふれている。大学に近い古い建物の5階の一室で、2度目のミュンヘンの冬を迎えている。声は家主のパブリーニンさんである。彼は73歳、此地に来て13カ月の付き合いだが、息子のように遇してくれる。往年の名舞踏家で、1929年パリでオセローを演じた時のポスターが、古い棚の開き戸の裏側に貼ってある。その後自分の劇団を率いて世界各地を巡業し、日本行の予約が戦争のために果たせなかったという。現在は、好きな絵を描き、彫刻をして明春の展覧会の準備に余念がない（尤もこの展覧会は今春から4回も延期されている）。戦後アフリカに行き、マサイ族のもとで一緒に暮らした半年間の話が、最も興味深い。良く想い出も語られるが、むしろ仕事への新たな情熱の方が強い。「日本人の顔は難しい」と嘆息しながらも、時間を忘れて私をスケッチしている。彼の多彩な長い人生を聞き、自分の人生を考えながらワインを傾ける時、国と世代を越えて共鳴する何かを感じて、異郷に居る自分を忘

れる。……

　Postは、植田先生から、箱根の絵葉書である。偶然にしては……と驚きながら先生の美しい文字を拝見するうち、知らず、心の奥底から暖かいものを感じて、しばし感慨無量となる。つい先日、私の留守宅から、遠方より先生が訪れて下さった、との報に接したばかりである。その時も、驚きのあと同じ感慨を覚え、ただ有難く、夢中でお礼の手紙を書いた。

　ドイツの日暮れは早い。既に、少しずつ夕闇の迫ってくる窓外を眺めながら、今しばらく、遠い日本を、関西大学を、そして植田先生のことを、想い出して時を過ごしたい。とりとめのないことを書き連ねてしまったが、先生のご壮健を衷心より祈る一人であることに、嬉しさを覚えながら筆を擱く。(1975年11月21日、西独ミュンヘンにて)

植田重正先生退職記念文集『思い出の記』(1976年)

2　謙抑主義と理論刑法学

　恒例の刑法読書会年末研究会が12月25日、26日に催され、中先生は両日とも(懇親会を含めて)全日程に参加された。御健康を完全に回復しておられる御様子に参加者一同と共に心から安堵を覚えた。諸報告の中で、アメリカにおける幼児ポルノの所持を罰する州法が問題になった時には、「外界に何らかの危険を及ぼさない所持そのものを罰することは許されない」と明解に指摘された。また、正犯の客体の錯誤は教唆者にとっては方法の錯誤かという問題に関するドイツの議論が紹介された折には、具体的符合説を徹底する中説が、日本では少数説であるがドイツではなお通説的地位を維持している

ことが確認された。前者の報告は武田誠氏、後者の報告は葛原力三氏によるものである。

　右の両者に期せずして中刑法学の特徴が示されていたように思う。前者は、刑法の謙抑性を基点とする宮本英脩博士以来の関西刑法学の正統を継ぐものであり、後者は、植田重正先生から中先生へ（さらに若手の関大刑事法スタッフへ）引き継がれている理論刑法学の核心を顕すものだからである。両氏の報告は正に師説に寸毫も盲従することなくしかも師説を継承発展させる端著と感じられた。

　「中先生のところで理論刑法学を仕込んでもらいなさい」とは、20年前（1971年4月）に小生が関西大学法学部に助手として就職する際に恩師平場安治先生が言われたことである。ともすれば政策的方向に関心が向きがちであった小生のことを慮って下さった言であったように思う。当時すでに中先生は透徹した理論家として学界に著名であり、その一端を示す消極的構成要件要素の理論を書き終えられた頃であった。同時に改正刑法草案に批判的な刑法研究会の主要メンバーとして堕胎罪の問題等を扱っておられた。ここにも理論刑法学と謙抑主義が顕著である。

　関西大学法学部で中先生の下に過ごさせて頂いた9年間は、小生にとって何ものにも代え難い貴重な歳月であった。全く強制ということのない自由な雰囲気に甘えて、つい怠惰に流れ、時に厚かましい発言もしたように思うが、常に暖かく接していただいたことが、今日曲形にも学者の端に連っている基である。先生の一層の御健康をお祈りしつつ、あらためて学恩に深く感謝したい。

関西大学法学会『中義勝先生送別文集』（1992年）

5 豊川正明先生・竹澤哲夫先生

1 豊川先生追想『自由を選択する』

　豊川先生が庭山先生と共訳されたS・エンライト＝J・モートン『陪審裁判の将来』の原題 Taking Liberties につき、著者の日本語版の序文では「陪審裁判を受ける権利を否定することによって、国民の権利を奪うことを示唆する」と説明されているのに対し、豊川先生は、あとがきで「筆者には陪審制度を擁護することを通じて『自由を選択する』のだという不退転の決意が込められているように思えてならない」と述べられている。それは、先生ご自身の不退転の決意を表明されていたように思う。先生は、まさに自由の徒であり、自由のための戦士であった。

　先生のご自宅は茨木市の中穂積にあり、私は上穂積に住んでいて自転車で5分ほどの距離であり、幾度かお邪魔した。ご自宅で『陪審裁判の将来』の翻訳の苦労話を伺ったのがつい先日のように思い出される。先生がどのように思われていたのか定かではないが、私は勝手に先生を兄弟子と思い、公私ともにずいぶんお世話になった。1988年6月にゼミ生を連れて「名張事件」の現地調査に行ったが、先生は、平日にもかかわらず終日自ら案内してくださった。

　1989年4月末から一週間、竹澤哲夫団長の下、先生を含む10人（豊川夫人を加えて11人）の「西ドイツ刑事司法調査団」に同行させていただいた。かなり過密なスケジュールであったが、ザルツブルクの一夜やペータース先生宅の訪問など印象深い旅であった。準備段

階から参加し、ドイツの学者や弁護士との研究会の橋渡しもしたので、先生にも多少は喜んでいただけたのではないかと思う。1993年9月には、来日中のエーザー教授を歓迎して、光藤先生、レンツ氏などと共にクラブに招待していただいたし、1994年4月には、来日中のロクシン教授夫妻を料亭に招待され、私も同行させていただいた（1995年9月、ミュンヘンでロクシン教授に先生の訃報をお伝えした）。梅田の小料理屋でご馳走になったこともある。

　名張事件や陪審制度について熱心に話をされていたお姿、時にはわざと怒った振りをされるご様子が目に浮かんで来る。先生の自由への戦いがまさにこれからというときに、先生は急逝された。ご冥福を祈り、ご遺志を大切にしたいと思うばかりである。

豊川正明君を偲ぶ集い実行委員会
『急逝を惜しむ―豊川正明君追悼文集―』（1998年）

2　穏やかな戦士――竹澤哲夫先生を偲ぶ

　私が竹澤先生にお会いしたのは、1976年6月5日、日本刑法学会に引き続いて開催された「再審制度研究会」の合宿においてであった。当時、7月生まれの先生は50歳の直前、私は9月に30歳になるという年であった。それ以来、日本にいるかぎりは毎年、その研究会の合宿に参加し、先生のお話しを伺う機会があった。いつも温和で、穏やかにお話しされる姿が印象的であったが、そのうちに先生が、平事件や松川事件をはじめ多くの公安労働事件で闘ってこられた歴戦の勇士であることが分かってきて、ますます尊敬の念を深めた。先生の誤判防止と再審問題に注がれた熱情も並大抵のものではなかった。

竹澤哲夫先生古稀祝賀論文集『誤判の防止と救済』(現代人文社、1998年)の「刊行にあたって」にある次の一文は、再審制度研究会メンバー全員の思いを的確に表現している。そこには、「その温かいお気持ちは、先生がたびたび御持参下さったアルメニアのコニャックの芳醇な味とともに忘れ難い。先生は、文字通り、誤判の防止・救済に向けて展開された実務の実践と学説の営みとを結びつける求心力の役割を果たされたのであり、その優れた理論的能力、深い洞察力、そして真摯で誠実な御人柄は、25年に及ぶ共同研究発展の原動力だったといってよい」と記されている。

私が、とくに竹澤先生と親しくさせていただいたのは、1989年4月28日から5月6日まで、先生を団長とする「西ドイツ刑事司法調査団」に同行した折であった(当時、竹澤先生は62歳、私は42歳)。この調査団は、日弁連人権擁護委員会が、「誤判原因の追及と誤判根絶のための制度上並びに運用上の問題点等を調査・研究する一環として」派遣したものである。メンバーは、人権擁護委員会第一部会(再審部会)、同委員会内の誤判原因調査研究委員会を中止とした、佐藤博史、笠井治、村野守義、中務嗣治郎、豊川正明、横清貴、田平藤一、青木正芳、脇山淑子の各弁護士と先生の10名であった。これらの方々とは、その後も年賀状の挨拶が続いた。

私は、幸運にも1989年4月から半年間ミュンヘン大学に3度目の留学が決まっており、先生からのお話で全面的に協力することになった。事前学習会で「西ドイツにおける刑事手続の進行」について報告し、ミュンヘン大学の指導教授であったロクシン先生ほか4人の教授との懇談会、当地で知り合いになった刑事弁護士リュッケル氏ほか6人の弁護士との懇談会をアレンジした。いずれも日本側からの報告があり、リュッケル弁護士のところではドイツ側の報告

もあって、懇談会というよりは日独刑事弁護研究会であった。裁判所の見学や法廷傍聴、弁護士大会の傍聴などもあり、充実した内容であった。

　この調査団のもう一つの目的は、日本の再審に大きな影響を与えたペータース先生への表敬訪問にあった。ペータース先生は、1973年に日弁連の招聘で来日され、11月の日本刑法学会で講演、同学会の共同研究「再審制度の検討」では、竹澤先生が「請求者の側から見た再審制度」と題して報告された。それに触発された形で、1975年の白鳥決定、1976年の財田川決定に至る。竹澤先生によれば、当時の日本刑法学会理事長が団藤重光先生であり、その後、最高裁判事となられ、その所属する第一小法廷から両決定が生まれたとされている（前掲・竹澤哲夫先生古稀祝賀論文集626頁参照）。ペータース先生は、まさに日本の再審の「開かずの扉」を開ける準備をされた。それから15年を経て、竹澤先生とペータース先生とがミュンスターで再会されたことになる。ペータース先生は85歳となられていたが矍鑠としておられ、日弁連会長からの「感謝状」に感激しておられた。

　以上の次第は、日弁連人権擁護委員会編『西ドイツにおける誤判と再審――西ドイツ刑事司法調査団（1989.4～5）報告書――』（日弁連人権擁護委員会、1989年）に写真入りで詳しく紹介されている。今、この冊子を見返しながら、23年前の竹澤先生の写真を拝見し、懐かしさも一入の心境である。ここに衷心より先生のご冥福をお祈りいたします。

　　　　第一法律事務所『人権ひとすじ―竹澤哲夫を語る―』（2013年）

6　繁田實造先生・上田健二先生

1　優しかった大先輩・繁田先生

　私が繁田先生にお目にかかったのは1969年、修士課程に入学して泉ハウスの管理人となり、刑法読書会に参加した時でした。それから30年以上経過しましした。繁田先生の印象は終始変わらず、いつも優しい大先輩でした。若輩のわたしたちにも分け隔てなく常に対等のように接して下さり、学問にかぎらず他の質問や相談にも、いつも丁寧に説明・助言して下さいました。

　先生が、読書会の夏の合宿や冬の集中研究会はともかく、毎月の研究会に出席されなくなってからも、大阪の刑事訴訟法研究会で月1回はお会いする機会がありました。毎回、案内のはがきに当日の出席者名を記載しておられた姿が目に浮かびます。その研究会に来られる途中で引き返され、その日に逝去されようとは、研究会のメンバーはもちろん先生ご自身も予想だにされなかったことと思います。まさに青天の霹靂でした。目の手術のお話を伺ったことはありましたが、いたってお元気のご様子で、ここ数年は弁護士活動とりわけ労苦をいとわぬ捜査弁護のお話を伺うのが楽しみでした。

　1990年7月、大阪弁護士会で陪審制・参審制に関する研究会が開催され、繁田先生がイギリスの陪審制について、私が西ドイツ（当時）の参審制について報告しました。先生は、参審制について理解を示しつつも、アメリカと異なるイギリスの陪審制について、丁寧に説明されていましたが、わが国にもイギリス型の陪審制をという繁

田先生の悲願が、自ずと伝わってくるようなご報告でした。最近の立法でわが国における裁判員制度の実施が確定的となった現在、イギリス型陪審制研究の第一人者であられた繁田先生に、裁判員制度についてのご意見を伺いたいと思うことしきりです。裁判員制度をできるかぎり陪審制に近づけるような工夫をご教示いただけたのではないかと思うと、残念でなりません。

　繁田先生は、また、全国各地の矯正施設を訪問され、先生ご自身の描かれた施設のスケッチを付した訪問記を継続的に公表してこられました。そこには、受刑者に対する暖かい目が感じられました。現在の立派な龍谷大学矯正保護センターも、その淵源をたどれば、繁田先生の地道な活動に繋がるように思います。

　「繁田先生は変わりませんね」というのが、先生へのご挨拶であると同時に、先生のことが話題になる時の常套句でした。毎月お会いしていたせいか、先生の深刻なご病気にはまったく気がつきませんでした。先生の独特の話術は、聞き手を知らず知らず先生の世界に引き入れ「なるほどなあ」と得心させてくれるものでした。今も一寸せっかちな感じでお話しされる声が聞こえ、そのお姿が目に見えるようです。

　繁田先生、後輩達にたくさんの優しさをありがとうございました。わたしたちは先生のご遺志を大切にして、さらに後輩達を育てていきたいと思います。思い半ばで急逝された先生のご無念を思いつつ、先生の心はわたしたちの心に、そして後輩達の心に引き継がれてゆくことをお約束し、心からご冥福をお祈りいたします。

繁田實造さん追悼文集編集委員会
『人に盡して倦まず―繁田實造さん追悼文集―』（2004年）

2　上田健二先生を悼む

　上田健二先生は、本年（2010年）2月3日、急性肺炎により逝去された。69歳であった。数年前に喉頭癌の手術をされ、飲食がままならず声がかすれる状態であったが、それにもかかわらず、研究・教育を続けてこられ、最近は声もかなり聞きやすくなっていたところであった。返す返すも残念というしかない。

　上田先生は、1940年9月21日、京都市に出生され、1963年に同志社大学法学部を卒業、大学院を経て、高知短期大学に奉職、その後、同志社大学法学部および大学院法学研究科において刑法の講義・演習を担当してこられた。

　上田先生の最初の論文は「『事物の本性』にかんする一考察」（同志社法学101号、1967年）という法哲学に関するものであり、アルトゥール・カウフマン「行為の存在論的構造」の紹介（同）およびその翻訳（同132号、1972年）から研究をはじめられた。1973年の刑法学会第47回大会（東京）において「行為概念と意思の要素」と題して個別報告をされ、その後に執筆された「行為論の課題と展望」（現代刑法講座1巻、1977年）は、学界においてこの分野における最も定評のある業績となった。

　上田先生とアルトゥール・カウフマン先生とは切っても切り離せない。研究生活の最初に遭遇したカウフマン先生の思想に共鳴し、「1962年刑法草案における錯誤規定」（同志社法学133号、1974年）、「構成要件、正当化事由および錯誤」（同134号、1975年）を翻訳された後、1976年4月、ミュンヘン大学のカウフマン先生の下に留学された。その後、1982年、1998年と3回にわたり併せて3年半、カウフマン

先生の下で研究生活を送られた。筆者は、1982年9月からミュンヘン大学のロクシン先生の下に留学しており、上田先生と一緒にカウフマン先生の木曜ゼミナールや医事刑法の講義に出席しつつ、ミュンヘンのビールを堪能した。この間に、カウフマン先生およびその師であるグスタフ・ラートブルフ先生の法哲学を基本においた、生命と刑法学、ナチズムと刑法の研究が主要なテーマに設定され、終生をその研究に捧げられることになった。

上田先生は、カウフマン先生の主要な業績のほとんどを翻訳されており、その成果は、『転換期の刑法哲学』(上田健二監訳、成文堂、1993年)、『法哲学と刑法学の根本問題』(共訳、成文堂、1996年)、『法・人格・正義』(共同編訳、昭和堂、1996年)、『法哲学(第2版)』(上田健二訳、ミネルヴァ書房、2005年)などとして出版されている。さらに近年は、ラートブルフ『法哲学入門』(1948年)の翻訳(同志社法学329号、330号、2008年)、同『法哲学綱要』(1914年)の翻訳(同338号、339号、2009年)に力を注いでおられた。後者の校正を終えホッとしておられたのが、亡くなられる直前であった。

生命と刑法学の分野の主な業績は、著書『生命の刑法学――中絶・安楽死・自死の権利と法理論――』(ミネルヴァ書房、2002年)にまとめられている。これらのテーマについて、上田先生は、1998年に、ボン大学、ミュンヘン大学、オランダのネイメヘン大学でドイツ語による講演をされた。さらに、筆者との共同編訳書として、アルビン・エーザー『先端医療と刑法』(成文堂、1990年)出版した。2008年にエーザー教授が立命館大学で連続セミナー「医療と刑法」を開催されたのを機に、『医事刑法から統合的医事法へ――先端医療と刑法 第2版――』(成文堂)を出版することとなったが、その「編訳者あとがき」を執筆中に亡くなられてしまった(その後は筆者が引き継ぐこと

になった)。

　上田先生の同志社大学における最後の講義のテーマは「『寛容の原理』に基づく刑法解釈論の新構築」であり、その「寛容の原理」は、上記カウフマン『法哲学(第2版)』の最終章の表題である。ご著書『生命の刑法学』の「はしがき」の次の文章は、上田先生が恩師カウフマン先生と共に行き着いたひとつの境地といえよう。「寛容はカウフマンにとって、単に他人の誤謬を耐え忍ぶ、我慢するということでも、無関心をもって他人を好きなようにさせておくことでもなく、真理発見と自由にとってのひとつの必要条件であるという積極的な意味を有している。それゆえ、真の寛容は開かれた社会のなかでしか存在することができない。そしてわれわれの開かれた現代社会は、高度な社会的複雑性によって特徴づけられる。そのさい誤謬は何か否定的なものではなく、反対に認識論的には、誤謬には大きな意義がある。われわれが諸々の誤謬を確認する能力を有していること、このことがまさにわれわれが真理能力を有していることの証左である。かくして規範的な領域においては多数の意見の自由な対決によってのみ、真理はひとつの機会を獲得する。そしてまさに自由が真理に奉仕し、真理が自由に奉仕するからこそ、寛容はそれ自体として真理に対してひとつの有害な現象でなく、それは、まさにそれが自由を可能にするゆえに、これとともに結局のところ、真理をも可能にするのである。ここから刑法解釈論の領域において関連してくるひとつのトポスは、いわゆる『通説』ないしは『支配的見解』である……［中略］……今日の少数説が明日の『支配的見解』になるということも、十分にあり得るのである。その場合では、提示された当の問題についての規範論的認識がもう一段高いレベルに達したことを意味するであろう。これこそまさに『寛容の原理』

の命ずるところであり、本書の全体的意図もまたここから出発しているのである。」

　この上田先生らしい文章を引用しつつ、筆者としては、ミュンヘン時代以来、弟のように接してくださった先生のご恩に感謝するとともに、真に研究者らしい研究者を喪ったことを改めて嘆かずにはいられない。心からご冥福をお祈りしたい。

犯罪と刑罰 20 号（2010 年）

第Ⅲ部
折々の追想

1　関西放送「今晩はみなさん」

(1) 海　賊

　14世紀北ヨーロッパでは、ノルウェーの王位に就いた女帝マルガレーテが、スウェーデンの貴族団からスウェーデン女王になるよう請願をうけ、当時スウェーデンを支配していたアルプレヒトと敵対して、遂に彼を捕虜とするに至りました。アルプレヒトの牙城であるストックホルムは、1389年以来包囲され、まわりから攻撃を受けていました。

　当時ハンブルクを中心とするハンザ同盟の諸都市は、この戦いに中立を保っていましたが、その中のヴィスマールとローシュトックの2都市が、どうにかしてアルプレヒトを援護したいと考えました。そこで両都市は、荒くれの船乗りたちを募集し、ストックホルムに食糧を運ばせるとともに、敵の船舶を攻撃することを許可し、略奪品の販売も両都市で引き受けるということを約束しました。ストックホルムに食糧を運ぶというところから、彼らは「ヴィタリエンブルーダー」つまり「食糧兄弟」と通称されていました。ところが彼らは、しだいに敵味方の区別なく航行中の船に対して略奪行為を働くようになり、ヴィタリエンブルーダーという呼称も、だんだん海賊の代名詞とされるようになって来ました。

　さて、1395年になって、マルガレーテとアルプレヒトの間に和解が成立し、ストックホルムに食糧を運ぶ必要がなくなりました。しかし、いったん成立した海賊団は、容易に解散せず、かえってハンザ同盟諸都市を脅かすようになったのです。ハンブルクを中心に大掛かりな海賊に対する戦いが展開され、海賊たちは次々に捕えられ

て処刑されました。犯罪集団の形成が、応々にしてこのような社会的・政治的な原因によるものであることを考えると、その処刑には、何か割り切れないものが残らざるをえません。

(2) 密　猟

　16世紀から18世紀にかけて、ヨーロッパでは密猟が盛んに行われ、密猟者に対しては苛酷な刑罰が加えられていました。それ以前の時代には、君主が直轄するいわゆる「王の森」もそれほど広大ではなく、庶民は、禁猟区域以外で十分に生活に必要な程度の狩猟をすることができましたが、領主の数がふえてくると共にだんだん禁猟区域がふえ、しかも諸侯爵の間に狩猟熱が広がってきました。そうなると、密猟は諸侯の娯楽に敵対するものと考えられ、ひいてはその支配権を侵害するものとして、死刑に値する犯罪と考えられるようになったのです。

　ところで、当時密猟が増加したもう一つの原因は、農作物に対する野獣の害が目に余るようになったということでした。しかし、領主たちは、むしろ狩猟の便宜を考え、鹿や猪などの野獣を保護し増やすことに努め、農民達が野獣を射殺することはもちろん、高い柵や尖った木の柵を設けることさえも禁止したのでした。農民たちは自衛手段として密猟を行わざるをえなかったわけです。

　このようなやむにやまれぬ密猟のほかに、当時、逃亡兵士やならず者が森に集まって密猟団を形成し、密猟とともに盗賊行為を重ねると言う現象がありました。それらの密猟団の中でもっとも有名なのは、バイエルン地方のヒーゼル団という一団でした。頭目のヒーゼルは、当初農民たちの味方として、有害な野獣を射殺するのを生きがいとしていましたが、当然のなりゆきで徐々に森林警備官と対

立抗争するようになりました。1771年、300人の兵士が投入された激しい銃撃戦のあげく、ヒーゼルは降伏を余儀なくされ、その年の10月6日に処刑されました。絞殺の後に四ツ裂きにされ、さらし首にされましたが、農民達の間には、むしろヒーゼルに対する同情が目立ったといわれています。これも犯罪集団の形成が社会的・政治的原因によるものであることを示す一例と言えるでしょう。

(3) 錬金術

　鉄や鉛の卑金属を金や銀の貴金属に変えるという錬金術は、不老長寿の妙薬と並んで古くから人々を魅きつけてきましたが、ヨーロッパで錬金術が最も盛んだったのは、15世紀末から17世紀にかけて、絶対主義国家のもとでの諸侯の宮廷においてでした。宮廷のぜいたく三昧な暮らしは、法外な出費を伴い、諸侯は競ってすぐれた錬金術師を抱えようとしましたが、それは同時に、錬金術師たちに豪華な生活を保障するものでもありました。

　錬金術詐欺の方法としては、たとえば卑金属を黄色に変えて金のように見せかけたり、金を水銀アマルガムにしておき加熱して再び金を取り出してみせたりする化学的なものから、二重底にした容器の下に金を予め入れておき加熱すると底が溶けて金が出てくる仕掛けや、攪拌用の棒にロウで金を埋め込み、あるいは触媒用の「賢者の石」のくぼみに金をはめ込んでおいたり、さらには袖口に細長い金粉入りの管を入れておいてひそかに投入したりする手品師的なものまで、無数に考案されていました。

　彼らは諸侯から実験費と称して多額の金品をせしめるため、最初に数回これらのトリックを見せて信用させ、できるかぎり結末を引きのばして、露見しそうな時期が来るようになると逃亡しては別の

諸侯に仕えると言う危険な橋を渡っていました。しかし、結局、彼らの多くは、金紙あるいは金ぱくをはった処刑台の上で果てたのでした。

ウィルヘルム・クローネマンという錬金術師は、水銀を固体の貴金属に変えることができると宣言して失敗し、1686年に処刑されましたが、その処刑台には、「私は、水銀を固くしようと思ったのに、逆に私が固くなってしまった」という嘲笑的な文句を刻んだ板がかけられていたということです。もっとも錬金術の中から、ガラスや火薬をはじめ多数の発見が生まれ、現代化学の基礎が培われたことも忘れてはならないでしょう。

(4) 偽 作

1945年5月29日、オランダのアムステルダムで、ファン・メールゲンという一人の裕福な画商兼画家が、利敵行為つまりナチスドイツに協力したという理由で逮捕されました。オランダの国家的財産であるフェルメールという画家の絵を、ドイツ帝国元帥ゲーリングに165万グルデンで売却したという嫌疑によるものでした。フェルメールは、レンブラントと並ぶ17世紀オランダの画家で、「デルフトの風景」や「画家のアトリエ」などの傑作を残していますが、その作品は世界中にあるものを合わせても40点にみたず、その人生も謎につつまれているといわれています。

ところで、予審判事の取調べに対して、メールゲンは「自分は利敵行為を犯してはいない。売却した絵は、実はフェルメールの作品ではなく自分が描いたものだからである」といい、さらにロッテルダムの博物館にかかっているフェルメールの絵も、自分が描いたものであると主張しました。容易に信用しようとしない予審判事が、

「証拠はあるか」と問うたのに対し、メールゲンは、ほかにも自分の描いたフェルメールの偽作が真作として通用していると打ち明けたうえ、監獄内で新しいフェルメールの偽作を描いて見せると答えたのでした。彼はそれを見事になしとげ、その審査のために召喚された専門家の鑑定委員会も、彼の主張を正当と認め、これまで真作とされていた6点のフェルメールがいずれも偽作であるという結論を出しました。

　法廷に持ち込まれた絵の前で語ったとされる彼の言葉が印象的です。「これらすべての絵が、有名なフェルメールの作でなくメールゲンの作だというだけで、突然価値のないものになるのでしょうか。芸術の価値は、ただ作者の名前だけにあるのでしょうか」というのです。

(5) 間接自殺

　1774年にゲーテの『若きウェルテルの悩み』が出版された時には、若者の間に「ウェルテル病」あるいは「ウェルテル熱」と呼ばれる自殺の流行が見られたといわれます。ところで、18世紀末以来今日までの自殺者数のカーブは、大まかにみればずっと上昇し続けているといえますが、その理由を宗教心の希薄化に求めるのも、あながち不当とばかりはいえません。中世キリスト教の支配下では、自殺は永遠の死に導く罪悪と考えられ、自殺した者には宗教的な埋葬が許されず、絞首台の下や十字路あるいは平原に埋葬されました。

　さて、このような宗教的基盤がまだ根強く残っていた近世において、自殺の衝動に駆られた者は、一つの新しい自殺形態を生み出してきました。それは、重大犯罪それもたいていは殺人を犯し、死刑判決を受けて処刑台上で死ぬと言うことでした。処刑の前に贖罪し

て悔い改めた者は、キリストと一緒に十字架に架けられた罪人ディスマスと同じように、直ちに天国に行くことができるという信仰に頼って、いわば間接的に自殺を遂げようとしたわけです。しかも殺人の犠牲者には多く穢れのない子供が選ばれ、その子供が天国の扉を開けてくれるとも信じられていました。このような例がかなり多数にのぼったであろうということは、当時立法者がそれを防止するために処刑以外の有効な刑罰がないかと模索していたという事実が示しています。このような間接自殺が消滅したのは、一方では、宗教心が希薄化し、他方では、死刑囚の行う見せかけの改悛と贖罪に全知全能の神は騙されることはないという教会の説明によるといわれています。

なお、現代においても、たとえば躁うつ病の自殺念慮から自殺を試みたが果たせず、処刑ないし刑務所行きを願ってタクシー強盗未遂事件を犯した青年の事例が、一種の間接自殺として報告されています。

(6) 太陽の塔

1970年は万博と安保の年でした。万博会場の「太陽の塔」は、岡本太郎氏の作で万博のシンボルとして現在も万博公園にあります。万博開催中の1970年4月26日の夕方、ある青年が万博反対の意思表示のために、太陽の塔の頭部に当たる黄金の顔の頭の部分を占拠し、その右目に入り、「万博粉砕！」などと叫んで、約159時間つまり一週間あまりにわたってそこに留まったという事件がありました。マスコミで大きく報道されたので記憶している人も多いかと思います。

この犯人が、その後、住居侵入罪と業務妨害罪とで起訴され裁判

になりました。住居侵入罪は、他人の住居や他人の監視している建造物に勝手に侵入することによって成立します。この事件で弁護人は。太陽の塔は芸術作品であって、人が出入りすることを予定した刑法上の建造物とは異なると主張しましたが、裁判所は、その構造から見てやはり建造物に当たるとして、住居侵入罪の成立を認めました。次に、業務妨害罪は、嘘のうわさを流したり、店を破壊したり、食堂に蛇をまき散らしたり、競馬場にくぎをまくなどして、営業を妨害する場合に成立します。太陽の塔占拠のこの事件で弁護人は、この事件によって万博の見物客は減少したどころかむしろ増えたのであり、業務を妨害したことにはならないと主張しました。しかしこれに対して裁判所は、刑法の業務妨害罪にいう業務とは、業務の正常な運営及び機能をいい、単なる営業成績をいうものではないとして、業務妨害罪の成立も認めました。

　刑法の条文の解釈としては、確かに裁判所の判断の方が適切であったと考えざるをえませんが、はたしてこのような行為を刑法上の犯罪として処罰するのが適当なのかという点については、当時の社会的・政治的状況を含めてもう一度広い観点から考えてみることが必要なように思われます。

(7)　ガルテンハウス・コンツェルト

　外国旅行や留学の良いところは、じかに彼の地の風物や人間に触れて視野を広め、また本では得られないような体験を通じて自己を再発見する点にあると思いますが、同じく旅行中あるいは留学中の日本人と知り合いになれるのも嬉しいものです。もっとも留学期間中に日本人とばかり付き合っていたのでは、せっかくの外国語をマスターする機会を失うことになり留学の目的を果たせないことに

なって要注意ですが、日本ではなかなか知り合いになる機会のない、自分とは別の専門ないし職業の日本人とめぐり合うことも、視野を広め自己を再発見する得難い体験といえます。

　私が西ドイツのミュンヘンに留学した時、同じ西ドイツの奨学金で留学しミュンヘンに落ち着いたバイオリニストとピアニストの新婚夫婦がいました。意気投合してオペラやコンサートに一緒に出掛け、名演奏を聞いて色々と話をしているうちに、彼らの練習と私への音楽教育とを兼ねて、毎月一回ハウスコンサートをしようということになりました。私が事務局を引き受け、ドイツ人・日本人を問わず知り合いになった人々に招待状を送り、だんだん会員も増えてきました。会場は、その夫婦が下宿している家の庭にあり、グランドピアノを2台備えた瀟洒な練習室でガルテンハウスと呼ばれていました。ちょうど1年間、毎月欠かさずに続き、その間にドイツ人や日本人の音楽家とも知り合いになり、私もはじめて音楽家の世界を垣間見ることができました。

　日本に帰ってからは、忙しさにまぎれて会う機会も少なく、コンサートに出かけることもめったにありませんが、先日エッシェンバッハが来日して日本フィルハーモニー管弦楽団の指揮をした時、バイオリニストの彼がコンサートマスターとして活躍しているのをテレビで見て、久しぶりに留学時代を懐かしく想い出しました。

(8) アンデックス・ビール

　ミュンヘンというとビールを思い浮かべる人が多いことと思いますが、1972年のオリンピック以来とくに急速に発展し、今や、学術・文化・観光の中心地として西ドイツ第一の都会に成長しています。ミュンヘンという呼び名は、修道士を意味するモェンクに由来して

おり、今でもミュンヘン市のマークとして修道士の図案が使われています。一年半の留学を終えて帰国の際のおみやげに、ビールのジョッキをもった修道女の人形をいくつか購入しましたが、その一つは今もわが家にあって留学時代を想いださせてくれます。

　ところで、修道女とビールというのはおかしな組み合わせのように思われるかもしれませんが、実はそうでもありません。中世以来ヨーロッパの修道院は、広大な土地を所有し、小麦やぶどうを収穫してビールやワインを造るのが、むしろ普通だったからです。ワイン用のぶどうの収穫時期の決定は修道院長の仕事だったとも言われています。

　さて、ミュンヘンの南西１キロメートルほどのところにアマゼーという湖があり、その一角の高台にアンデックスという巡礼地がありますが、そこの修道院で造っているビールは、アンデックス・ビールとして有名で、週末になるとたくさんの客で賑わいます。ところが、そこへ行くには、近くに鉄道はあるのですが、自動車で行く方が便利で、多くの客は自動車で来ていました。何回か私をそこに連れて行ってくれたドイツ人に尋ねたところ、「行きの車は慎重に運転して帰りの車に道をゆずるのだ」とのことでした。

　ちなみに、ドイツの道路交通法では、血中アルコール濃度が０.８パーミリ以上で運転すると三千マルク（約30万円）以下の過料が科せられることになっていますが、単純な酒気帯び運転の取り締まりは、日本に比べてあまり厳しくはないようです。交通事故の防止は、処罰よりも道路の改良の方が効果的といえるかもしれません。

(9)　加賀乙彦『宣告』

　細かい仕事や勉強の積み重ねで忙しく過ぎて行くような日々が数

週間も続くと、無精に何かできるだけ長い小説を読みたくなることがあります。忙しい時ほどその観念がつのってくるので厄介ですが、精神安定剤のようなものだと思ってそれに従うことにしています。最近、ちょうどこの病が襲ってきた時に手にしたのが、昭和54年度日本文学大賞受賞の加賀乙彦『宣告』で、新潮社発行上下2巻800頁という願ってもない妙薬でした。作者は、本名小木（こぎ）貞孝という著名な精神医学・犯罪心理学の専門家ですが、加賀乙彦というペンネームで、『フランドルの冬』『帰らざる夏』あるいは『頭医者事始』『ドストエフスキー』など狂気を題材にした小説・エッセー集などが出版されています。

さて、『宣告』の主人公は、楠本という死刑囚と近木という刑務所所属の若い精神科医で、楠本が処刑される前10日間ほどの経過の中に、おびただしい数の心理描写と事件とが凝縮されています。精神医学者らしく、拘禁状態にある被収容者の症状が詳しく描かれていますが、同時に死刑囚に接した医師の責任感と無力感とを通して、医者のあり方から人間のあり方へと迫っています。主人公楠本は、有名国立大学を卒業後、24歳で強盗殺人を犯し、その後16年間にわたり死刑囚として過ごしてきた40歳前の男性ですが、キリスト教に帰依し、獄中記を出版し、医学部の女子学生と文通を続けています。

死刑囚は、番号の末尾がゼロであるところから「ゼロ番囚」と通称されていますが、10数名のゼロ番囚の過去と現在の描写を通じて、自分の犯した犯罪がすでに過去のものとなりながら、死刑囚としての現在を生きていることの不自然さ、死刑になることよりも死刑囚として生きることの苦悩、そして死すべき人間が一体何をし何をすべきなのかという問いかけが繰り返され、結局、愛によってし

か救われえない人間の姿を見事に伝えています。

　処刑の前日にそれを知らされたある死刑囚は、近木のところで睡眠薬をもらい、許可を得て楠本と雪合戦までして処刑を十分に観念したように見えながら、夕方には房内で暴れまわり、処刑の直前にも激しく抵抗します。ある者は、共犯者が自分を陥れたといってきかず、ある者は、自分の殺人が革命的な行為であったと強弁し、またその彼に革命理論を教えた者は、独房内で自殺します。それらの事件が、楠本と近木の眼を通して淡々と描かれています。そこに描かれた姿は、死刑制度に対する懐疑と、現在の刑務所の状態に対する批判をあらわしており、近木の精神医学者としての苦悩は、現在の精神医学に対する批判をあらわしています。その意味では、本書は批判の書といってよいでしょう。しかし同時に楠本が文通相手の女子学生の愛と純真さに救いを見出すという点では、本書は現代の救いの書といえるかもしれません。

　読み終えた後に、いくつかの場面が脈絡もなく次々と想い出されて、その一つ一つが今後も忘れられないような印象を残す感銘深い本で、日本文学大賞受賞も当然の傑作といえるでしょう。死刑の存廃は、一国の文化的水準のバロメーターであるといわれています。西ドイツ、イギリス、イタリア等死刑廃止国においてとくに不都合があるという報告もなく、他方、最近わが国で死刑判決が確定しながらもようやく再審の開始決定がなされた「財田川事件」「松山事件」「免田事件」などの経過を見るとき、死刑廃止の日が一日も早く到来し、本書が過去の経験によるものといえるようになることを願わずにはおられません。

関西大学企画室広報課『あしぶえ』X 号（1981 年）

2 遠ざかる風景

　美唄東高等学校を卒業してから35年が経過した。15期生で現在53歳、初老である（それでも本年7月10日付「美東会報」1頁の写真のコメントでは「会の平均年齢を下げた」と紹介されている）。私は、昭和40年に卒業して京都大学法学部に入学し、大学院を経て関西大学法学部に就職、昭和55年に大阪市立大学法学部に移って現在に至っている。専門は刑法で、責任能力と鑑定、科学捜査などが主な研究テーマである。

　この数年、大学には改革の嵐が吹き荒れており、特に法学部はロー・スクール問題で右往左往の日々である。多くの教員は、落ち着いて研究したいと思いつつ、改革のための会議やその準備に忙殺されている。私も、3年前に法学部長（法学部ではほぼ輪番で任期も1年）を務め、現在は大学院委員で、その渦中にある。学外では、刑法学会の常務理事、法と精神医療学会の理事長で、学会の世話係をしており、他に10余りの研究会や学会に所属していて、まことに慌しい日々である。自分の研究をしたいということで始めたはずの学者生活になかなか戻れないという焦燥感に見舞われたこともあった。

　昨年の1月、本当に久しぶりに冬の美唄に立ちよった。10分ほど散歩をしただけで体の芯まで冷え切り、なんとなく懐かしい気分を味わった。温暖な関西に戻って。ずいぶん遠くに来てしまったものだと改めて感じた。

　そして昨年8月28日、初めて美東同窓会納涼パーティーに出席した。冒頭に触れたのはその時の写真である。皆、少しずつ昔の面影を残しつつ、確実に35年間の人生を刻みつけた初老の顔をして

いる。その機会に母校閉校の話を具体的に聞いた。そこでも、ずいぶん遠くに来てしまったと感じた。

　日々慌しく過ごしているうちに 35 年が経過した。最近、ようやく「今さら焦ってみても仕方がない」「そろそろ人生まとめの時期か」という心境に近づいている。今、振り返ってみると、走馬灯のように、これまでの出来事がその時々の自分や友人たちの姿とともに浮かんでは消えてゆく。美東の教室や図書館、大きなグランドとそれに面した音楽教室、アルバムに残る仮装行列などの懐かしい風景が、閉校の話とともに、また遠ざかっていく。

　　　　　　北海道美唄東高等学校記念誌部会『閉校記念誌　窓影』(2001 年)

3　有斐閣の名著再見「ハンス・ヴェルツェル（福田平・大塚仁訳）『目的的行為論序説――刑法体系の新様相――』」

　本書は、戦後、日独の刑法学に多大な影響を及ぼした「目的的行為論」の主唱者であるヴェルツェル教授が、その理論のエッセンスを示した小冊子の邦訳であり、11 版を重ねた教授の名著『ドイツ刑法』の基礎的な諸章が要約されている。目的的行為論は、すでに戦前に、ドイツにおいて展開された理論であるが、わが国では、特に戦後、木村亀二先生をはじめ、平野龍一先生・平場安治先生・福田平先生（合わせて「三平（たいら）」と称されたと聞く）などがその理論を受け入れ、華麗な論争が展開された（平野先生は、後に、最も厳しいその批判者となられた）。

　原著は、Hans Welzel, Das neue Bild des Strafrechtssystems—Eine Einführung in die finale Handlungslehre, 4. Aufl., 1961 であるが、本書ではそのタイトルとサブタイトルが入れ替えられている。

この点をはじめとして、邦訳では、哲学および思考心理学に裏打ちされた、必ずしも簡明とは言えない目的的行為論の犯罪論体系を、わが国の読者に、できるかぎり理解可能なものにするべく、多くの工夫が凝らされている。

本理論の基本的出発点を示した「人間は、因果についての予知にもとづいて、その活動の個々の動作を統制することによって、外部的な因果的事象を目標に向かってみちびき、これを目的的に被覆決定（überdeterminieren）しうるものなのである」という文の「被覆決定」、人的不法論を説明した「不法は、行為者から内容的にきりはなされた結果惹起（法益侵害）につきるものではなく、行為は、一定の行為者のしわざ（Werk）としてのみ違法なのである」という文の「しわざ」などは、まさに適訳である。さらに、ひらがなおよび読点を多く用い、原語を挿入することによって、読み易く、かつ、正確を期するように配慮されている（Verhalten を「行態」と訳した点にも、苦心の跡が見られるが、Handlungsweise および Verhaltensweise も、やはり「行態」と訳されている点は、少し気になる）。

本書によって、当時、わが国の刑法学者は、目的的行為論の基礎理論を共通認識とすることになり、同時に、対決を迫られることになった。故意・過失の体系的地位をめぐる議論、人的不法論と物的違法論、新旧過失犯論争、責任説と故意説など、戦後わが国の刑法学における主要な論争は、まさに目的的行為論が仕掛けたものであったといってよい。日独いずれの国においても、目的的行為概念自体は、現在、必ずしも多数説を占めているわけではないが、これらの論争を通じて、戦後刑法学の枠組みが形成され、今日に至っていることに疑いはない。本書は、その一翼を担ったものとして、銘記されるべきであろう。

私自身は、目的的行為論の主張のほとんどに与し得ないのであるが、本書は、今も「自説を啓発するものはもっとも対極に立つ反対説である」(中義勝先生の言葉)ことを痛感させてくれる書物である。さらに私事にわたるが、ここに本書を紹介するに至ったのは、1997年に本誌のアンケートに答え「印象に残っている本」として本書を挙げたことによる(本誌『書斎の窓』466号18頁)。そこにも記したように、本書は、私自身にとって、想い出の一冊でもある。

　なお、ヴェルツェル教授について詳しくは、本書の「訳者あとがき」、福田平「ヴェルツェル」法教130号(1991年)56頁以下、宮澤浩一『西ドイツ刑法学〔学者編〕』(1988年、成文堂)679頁以下を参照されたい。

書斎の窓513号(2002年)

4　乱読中の『仮釈放』

　自宅から大学まで電車で1時間と少しかかる。電車はわりあい空いている。乗る前から文庫本を読みはじめるが、到着までには読みおわらない。講義やゼミや会議の間は、ちょっと気になりながらも職務に専念する。帰りの電車で残り半分くらいになり、帰宅してからも、自室で締め切りの迫った原稿を横目に見ながら読み続ける。深夜に読みおわり、時計を見て、ようやく明日からの予定が実感として迫ってくる。

　大学時代、本屋に行くと専門書を1冊と小説を2冊買い、小説から読み始めて専門書は棚に並んでいる状態がつづいた。当時は、昼夜を問わずともかく読みおわるまで読んだ。高校時代期末試験の前に中里介山の『大菩薩峠』を読みはじめてしまった。午前零時まで

勉強してそれから読むことにしたが、徹夜が数日つづいて鼻血が出てやめた。ときどき無性に長い小説を読みたくなる（日常性へのささやかな抵抗かもしれない）。ロマン・ロラン、トルストイ、ドストエフスキー、ゾラなど翻訳小説の多くはただ長いから読んだような気さえする。三島由紀夫の『豊穣の海』や野間宏の『青年の環』、最近では山崎豊子の『大地の子』やエーコの『薔薇の名前』も（中身はもちろんだが）とくに長いのが気に入って読んだ。好きな作家は、辻邦生、高橋和巳、福永武彦、遠藤周作、藤沢周平、松本清張、サルトル、カミュ、津本陽……など。中学時代のヘッセも懐かしい。要するに、わたしはひどい乱読であり、読書については無節操と言わざるをえない。しかし、乱読の中にも少しの変化はある。本屋で眺めているとき、刑事法にかかわる書名があるとつい手をのばしてしまうのである。トレイバーの『裁判』、コフリンの『女裁判官』、トゥーローの『推定無罪』、スペイトの『法定の銃声』、フリードマンの『合理的な疑い』など翻訳物が多いが、日本の作品もある。加賀乙彦の『宣告』などは感激して読んだ。

　本題に入ろう（前置きが長くなりすぎて余白はあまりない）。紹介したいのは、吉村昭の『仮釈放』である（文庫本も出版されている）。なによりも叙述の正確なのがいい。探偵小説などで「勾留」を「拘留」と書いてあるのなどを見ると、とたんに白けてしまうが、吉村昭にはそれがまったくない。彼の『破獄』もそうであった。しかも『仮釈放』は、無期囚の獄中及び仮釈放後の心境をつぶさに描写して余すところがない。獄中で蠅が自由に移動できるのに嫉妬を感じたり、仮釈放後に長い刑務所暮らしで染みついた習性（手を挙げての歩行など）を克服するのに苦労したり、保護司に感謝しつつ（無期囚ゆえに）死ぬまで監視が続くことにやりきれない思いを抱いたりすることが、巧

みに描かれている。長期の自由刑による人間性の破壊や『前科者』に対する差別と偏見への告発の書ともいえる。結末は悲惨としか言いようがないが、これは「小説」のなせる業であろう。穿った見方をすれば、人生は死を宣告された恩赦のない「仮釈放」の状態ともいえそうであるが、わたしは決してそう思いたくはない。

法学セミナー 459 号（1993 年）

5 学部提携日独シンポジウム「法と手続」

　大阪市立大学法学部とフライブルク大学（F 大）法学部との学部提携による日独シンポジウム「法と手続」が、1991 年 7 月 4 日から 6 日までフライブルクのマックス・プランク外国刑法国際刑法研究所において開催された。日本側からのメンバーの一員として、その概要を紹介することにしたい。その準備段階を含めて、今後の国際学術交流とりわけ日独間の共同研究に一つのモデルを提供しうると思われるからである。

　約 3 年前に市大法学部において F 大法学部との学部提携が話題になり、かつて同大学に留学し、その後もコンタクトを保ってきた石部雅亮教授（ドイツ法）を中心に準備が進められた。当初から、儀礼的・形式的な提携ではなく内容のある提携にしたいという意向であり、できれば 2 年に 1 回フライブルクと大阪とで交互にシンポジウムを開催するという案が得られて、F 大法学部に打診した。F 大法学部では、ミュラー・フラインフェルス名誉教授（民法）の暖かい支援のもとに、クレッシェル教授（法制史）が中心になって、積極的な対応がなされた。ほどなくその準部委員として、クレッシェル教授、ホラーバッハ教授（法哲学）、エーザー教授（刑事法）、アーレンス

教授（民事訴訟法）の4名が選出され、学部提携は急速に具体化した。渡航の費用は訪問側、会議中の滞在費は受け入れ側が負担するという点も、容易に合意された。

「法と手続」というテーマは、いかにも漠然としているが、第1回の試みでもあり、できるだけ多くの法分野から参加可能なテーマが適切であるという双方の希望が一致した結果であった。その後は、各分野ごとに相互に連絡を取りつつ、市大法学部の側では、参加予定者を中心に研究会・合宿が重ねられた。とくに、この企画に関連して1990年度の科学研究費が交付されたことが、計画推進の支えになった。シンポジウムの個別のテーマは、報告者の関係から、刑事訴訟法・民事訴訟法・消費者保護法・行政法・労働法・調停制度の6分野とされた。

なお、シンポジウムの開催を前にして、本年2月、その実現に尽力されたアーレンス教授が急逝されたことは、双方にとって痛恨の極みであった（準備委員は、その後、ライポルト教授が引き継がれた。7月4日のレセプションの折に、ご逝去後に刊行をみた、アーレンス教授の論文集『ドイツ民事訴訟の理論と実務』〔信山社〕がF大法学部に寄贈された）。

会場には、F大法学部およびマックス・プランク研究所のスタッフを中心に、訪独中の日本人研究者を含めて、終始50名ないし60名の参加者があった。最初に準備委員であり副学長であるホラーバッハ教授および法学部長クラウスハール教授が歓迎の辞を述べられ、早速シンポジウムが開始された。3日間に及ぶシンポジウムの各報告（ドイツ語または英語）は、次のとおりであった。

第1テーマ。浅田和茂「日本における捜査手続の問題点」、光藤景皎「日本の刑事手続における起訴便宜主義」、A・エーザー「刑事法

上の訴訟原理の機能的変遷——刑事手続の民事化への道？」

　第2テーマ。松本博之「判決効と先例法」、W・リュケ「ドイツ民事訴訟における先例の意義」

　第3テーマ。松本恒雄(一橋大)「消費者法における消費者・消費者団体の私的権利の役割」、M・ライマン「ドイツとアメリカの比較からみた製造物責任における手続法の役割」

　第4テーマ。平岡久「日本の行政手続の諸問題」、R・ヴァール「認可手続における行政手続——環境影響評価における事後的な職権調査」、T・ヴュルテンベルガー「説明会における紛争調停」

　第5テーマ。西谷敏「日本における労働紛争解決のシステム」、M・レーヴィッシュ「ドイツにおける労働紛争の裁判と調整」

　第6テーマ。石部雅亮「法制史的、比較法的考察の対象としての調停制度」、D・ライポルト「現実と理想の狭間にある調停制度」

　いずれについても報告後に活発な議論があり、残された問題を含めて、最終日の「総括討論」においてさらに議論が継続された（和田卓郎助教授、奈良産業大学の川口浩一助教授、ハーゲン放送大学のH・P・マルチュケ教授が通訳にあたった）。なお、シンポジウムの報告集は、後日、日独両語により両国で出版される予定である。

　一抹の不安を抱きつつシンポジウムに臨んだが、初めての試みとしては予想以上に成果が得られたといってよいであろう。それは、とりわけフライブルク側の周到な配慮および市大側の事務の一切を引き受けられた児玉寛助教授の尽力によるところが大であるが、双方の報告者同士の多くがすでに知己であり、事前の連絡を含めた準備が比較的スムースになされたことも幸いした。第2回のシンポジウムは、1993年秋に大阪で「国際化と法制度・法文化」という統一

テーマのもとに開催される予定である。

法律時報63巻13号（1991年）

6　日本刑法学会創設60年記念大会に参加して
―――刑法学の過去・現在・将来―――

　日本刑法学会第87回大会は、2009年5月30日（土）31日（日）の両日、明治大学駿河台キャンパスにおいて開催された。今大会は、学会創設60年記念大会ということで、日本の刑法学に長期にわたり多大な影響を及ぼしてきたドイツから、ドイツの刑法学界を代表する、世代の異なる3名の研究者が招待された。前ミュンヘン大学教授で以前にドイツ刑法学会の会長であったクラウス・ロクシン教授、前フランクフルト大学教授で前連邦憲法裁判所副長官であったヴィンフリート・ハッセマー教授、ケルン大学教授のトーマス・ワイゲント教授である。ロクシン教授とワイゲント教授は、日本刑法学会の名誉会員であり、今回ハッセマー教授がこれに加わった。筆者は、2度にわたりロクシン教授の下に留学しており、ハッセマー教授、ワイゲント教授とも知己で、旧交を温めることができる良い機会であった。

　それぞれの講演について、日本側からコメントを加え、討論を行うという方式が採用された。大会実行委員会から、筆者には、ハッセマー教授の講演に対するコメンテーターが割り当てられた。大会当日は、ドイツ人はドイツ語で講演するが、レジュメ集に原文と日本語訳が掲載されていて、参加者はそれを参照した。コメンテーターは、日本語で報告するが、先にドイツから原稿が送られてきていて、それに対するコメントおよび質問をドイツ語で作成して相手方に送

り、あらかじめ解答を準備していただいた。

　ハッセマー教授の講演は「学説と実務、そして政策から見たドイツ連邦共和国の実体刑法」というテーマで、とくに実体刑法の分野につき、戦後ドイツにおける展開を跡づけたうえ、現状を批判的に検討し、将来を展望するという壮大なスケールのものであった。そこで、筆者のコメントも、私見を交えつつ、日本刑法の過去・現在・将来を概観しつつ、ドイツとの共通点と相違点を指摘することにした。その概要は、次のとおりである。

　刑法の過去を問う場合、ドイツと日本とで最も大きく異なるのは、ドイツでは1969年に刑法総則の全面改正が実現したのに対し、日本では、1970年前後の激しい議論の末、刑法改正作業は頓挫し、1907年の刑法がなお現行刑法である（1995年に原則として内容を変更せずに現代用語化された）という点にある。

　ハッセマー教授は、ドイツ国民は戦後改革に必ずしも好意的ではなかったと指摘したが、日本の場合、同じく占領下にあったとはいえ、日本国憲法と戦後民主主義とを、国民の多くは歓迎していたといえる。もっとも1950年の朝鮮戦争勃発に伴う占領政策の変更以降、政府は治安の強化に向かい（右旋回）、1952年には破壊活動防止法が制定され、1960年には日米安保条約が締結された。憲法体制と安保体制の両立と矛盾は、現在も日本の国家体制の根本問題である。また、戦後、日本では、刑法は一部改正にとどまったが、刑事訴訟法は英米法の当事者主義モデルに従い、全面的に改正された。刑法学はドイツ法的、刑事訴訟法学は英米法的という点も、ドイツと異なる日本の特徴である。

　刑法改正作業につき、ドイツでは、政府草案に対する批判から対案グループが形成され、政局の変化もあって対案の主張をかなり反

映した新刑法総則が成立した。日本でも、政府草案に対する批判と対案グループの形成が見られたが、とりわけ保安処分問題を中心に、研究者にとどまらず、日弁連、精神神経学会さらには一般市民の反対運動によって、刑法改正は実現しなかった。

戦後、日本の刑法学では、ドイツの目的的行為論の影響を受けて、ドイツとほぼ同一次元の議論が展開されてきた。ハッセマー教授は、この点について、総論中心の解釈学的議論が、政治的な諸問題から視線を逸らせるものであったと指摘した。しかし日本では、これらの議論に並行しつつ、交通事故の激増や公害問題を契機に、実践的な問題提起も行われてきた。

ハッセマー教授は、現在の刑法の特徴として、効果志向、積極的一般予防論、とりわけ治安刑法を挙げ、自由のパラダイムの犠牲と治安のパラダイムの勝利、刑法的・警察的手段の早期かつ効果的な投入という特色を指摘した。また、テロリストが占拠した旅客機の撃墜の可否、誘拐犯人に対する被害者救助のための拷問の可否についての、最近のドイツの議論を紹介し、「敵に対する刑法」の主張に反対した。日本においても、このような事情は変わらず、とりわけこの20年弱は「刑事立法の活性化」と特徴づけられている。その要因として挙げられるのは、重大事件の発生(オウム事件、9・11など)、被害者の報復感情、国民の不安感、国際的要請であるが、私見によれば、いずれも充分な根拠とはいえない。

ハッセマー教授は、危険社会論と感覚で捉えられた犯罪について指摘したうえ、将来への選択肢として、現代的な動向に人格性、保護、寛容という視点を随伴させることを主張した。日本では、ポピュリズムの下での犯罪化・重罰化、監視社会は、将来というよりは現実であって、徐々に不寛容な社会となりつつあり、ハッセマー教授

の選択肢に異論はない。

　最後に、ハッセマー教授が触れなかった点として、EUにおけるドイツ刑法の位置づけについて質問し、さらに、日本では裁判員裁判の開始に伴い、裁判員が理解し適用できる刑法が求められており、改めて刑法改正が要請されていることを指摘した。

　日本刑法学会理事の定年は62歳であり、1991年から18年間務めてようやく定年を迎えた。今回はいわば「最後のご奉公」であり、何とか無事に終えてホッとしている。

　　　　　　　　　　立命館ロー・ニューズレター No.58（2009年）

7　私の判例研究／刑事法——事実認定の決め手は常識

　①　京都の同志社大学で毎月1回「刑事判例研究会」が行われている。もう20年近くも続いているが、私は、事情の許すかぎり毎回出席している。関西在住の研究者を中心に司法修習生や裁判官も参加しており、主力は大学院生である。毎回2～3の詳細な判例研究があり、その日までに公刊された「判例時報」の刑事関係判例が紹介される。午後1時から5時まで、たっぷりと（ただし「もっと時間があれば」という余韻を残しつつ）議論が続く。私の判例研究は、もっぱらこの研究会に依存している。1年に少なくとも1～2回報告しなければならないのが（当然とはいえ）負担であるが、報告・討論を含めて貴重な研究の機会を与えてくれている。

　②　毎月の判例紹介は、最新の情報を知ることができて有益である。自分で読むのと聞きながら確認するのとでは「知る」レヴェルが多少違うような気がする。この判例紹介の時に、判決の末尾にある裁判官の名前に目が止まる。自分が知っている裁判官の判決とそ

うではない判決とでは、受け取り方が違う。知っている裁判官の判決が自分の意見と一致するときに「さすが」と思うのは当然であるが、一致しないときにも「それなりの苦慮の末にこうせざるをえなかったのであろう」と割り引いて評価しがちである。我田引水の最たるものであるが、そうなってしまうのであるから仕方がない。

③　この研究会で最近私が報告したのは、いわゆる「新潟ひき逃げ事件」の最高裁判決についてであった。国道49号線で夜9時半頃、泥酔してセンターライン付近に横たわっていた被害者を被告人運転のトラックが轢いて死亡させたとして起訴された事件であるが、被告人には轢いたという記憶がなく、物証もほとんどない。

第一審・第二審ともに有罪判決の後、最高裁は破棄自判・無罪の判決を下した。破棄・差戻であれば結論は差戻審に持ち越されるが、破棄自判・無罪の場合はそのまま確定する。熟練した裁判官が慎重にしたはずの判決が、なぜ誤りとされたのであろうか。判決文を読むかぎり、第一審・第二審の判示に比べて最高裁判決は十分に説得的である。

事故の直前（又は直後）に現場を通過して被害者を見たバス運転手の供述も、被害者を発見した乗用車運転手の供述も、ともに曖昧であった。決め手になったのは、トラックの右後輪外側面に幅約20センチ、長さ約19センチの範囲で付着していた血液様の痕跡であった。被害者の血液型と一致するというA鑑定と、人血との証明が得られないというB鑑定とが対立し、さらにその痕跡がリムに近い部分まで付着している点（被告人のトラックが轢いたとしてもそこまで血痕が付着することはありえない）、大量の血がタイヤに付着したとすれば一回転毎に血痕が路面に残るはずなのにそれが見られない点を指摘するC鑑定があった。しかも、トラックの痕跡は、事故後に現場か

ら26キロの所に設置された検問所における検問の際には発見されなかったものである。最高裁は、C鑑定および発見の事情を重視して有罪の決め手にはならないとしたのである。

④　報告に先立って、この事件の弁護人から鑑定書のコピーを送っていただいた。極微量血痕の新しい検査方法など素人には難解なところもあるが、理解できないほどではない。判決文と鑑定書とを繰り返し読んで私がとくに印象を強くしたのは、「常識的判断こそが事実認定の決め手」ということであった。常識的にみて、右の痕跡が事故の時に付着したものであれば、鑑定の結論が別れるほどに微量であるはずはなく、検問で発見されないはずもないであろう。

法律の解釈はともかく、事実認定は（鑑定の助けを借り、「疑わしきは被告人の利益に」の原則に留意しさえすれば）十分に素人が行いうることであり、むしろその方が適切な判断に至りうるのである。現在、陪審制・参審制についての議論が進行中であるが、その早期の採用（ないし「復活」）が待たれる。

法律時報『判例回顧と展望』63巻3号（1991年）

8　速報判例解説・刑法

(1)　刑法の判例と類推の禁止

刑法の勉強を始めた学生がそのもっとも初期に接する判例は「電気は物か」についての大審院判決であろう。旧刑法366条は「人ノ所有物ヲ窃取シタル者ハ」と規定していたが、いわゆる電気窃盗事件につき、大判明36・5・21（刑録9輯874頁）は、電気は刑法上は「物」であるとして窃盗罪を認めた（管理可能性説）。当時すでに民法（明31施行）85条は「本法ニ於テ物トハ有体物ヲ謂フ」と規定しており、有

体物説からはこの判例は許されない類推であるという批判があった。ところが、現行刑法 (明40) 245条は「電気ハ之ヲ財物と看做ス」という規定を置いた。判例によれば、この規定は単なる注意規定ということになるが、条文を素直に読めば「電気は物ではないが物とみなす」と解すべきであろう。このように周知の例を挙げたのは、読者に判例と立法の役割ひいては判例を批判する学説の役割を考えていただきたいからである。

電気窃盗事件と類似のことは、その後も続いてきた。たとえば、最決昭58・11・24（判時1099号29頁）は、自動車登録ファイル事件につき、改正前の157条につき、磁気ファイルを公正証書の原本に当たるとした。改正前の158条は「前四条ニ記載シタル文書」と規定しており、原本は文書とされていたにもかかわらず、そのようにしたのである。この事件では、その当罰性自体に争いはないものの、類推ではないかという批判があった。ところが、昭和62年の刑法一部改正において、157条に「公正証書ノ原本トシテ用イラレル電磁的記録」という文言が追加された。判例によれば、この追加部分は注意規定に過ぎないことになる。

さらにたとえば、最決平3・4・5（刑集45巻4号171頁）は、いわゆる変造テレカ事件につき、テレカは162条の「有価証券」に当たるとした。上記の刑法一部改正で追加された161条の2では、変造テレカの中間転売者（交付罪）を有罪とすることができなかったからである。この判例に対しても類推ではないかという批判があった。ところが、平成13年の刑法一部改正で、支払用カード電磁的記録に関する罪が規定されたことにより、中間転売者の行為は163条の2第3項の「譲り渡し」に含まれることになった。この種の事案につき、判例が、今後どのように対処するのかは明らかでない。

わが国では刑法の改正が難しいので判例が柔軟に対処する必要があるという意見もあるが、私見によれば、むしろ判例の柔軟すぎる対処が立法へのエネルギーを削いできたように思われる。判例が「当罰性はあるが現行法では処罰できない」として立法を促し、刑法の改正に至るのが、判例と立法の健全な関係といえよう。判例が立法を先取りしてはならない。

　このことは、現在進行中の裁判員裁判にとっても重要である。問題は、裁判員が裁判官とともに「法の適用」を行う（「法の解釈」は裁判官の職務）とされている点にある。裁判員裁判においても、類推が禁止される点に違いはない。しかし、上述のような判例と立法の（不健全な）関係が裁判員に理解可能であるとは到底思われない。それにもかかわらず、司法研修所編『平成19年度司法研究・難解な法律概念と裁判員裁判』（2009年）は、各用語・法律概念の本当に意味するところを判例に沿って説明することにより、裁判員の理解が得られると考えているのである。

　同書は、たとえば正当防衛につき、判例は積極的加害意思による急迫性の否定と専ら攻撃の意思による防衛の意思の否定との関係を意思の存在時期の相違（事前か行為時か）で説明してきたが、このような区別は裁判員には理解困難であろうと指摘している。問題は、むしろ積極的加害意思がある場合に急迫性を否定する判例自体にあり、裁判員が理解できないのは当然である。裁判員には刑法36条の要件である「急迫不正の侵害」の存否を客観的かつ具体的に判断させるべきであろう。

　同様のことは、共謀共同正犯についてもいえる。現在の判例の基準では、教唆と共謀共同正犯の区別は不可能であり（教唆は常に重要な役割を意味する）、教唆は、主に犯罪の性質上正犯となり得ない場合

(証拠隠滅罪、偽証罪など) に限って適用されている。裁判員には、判例ではなく刑法の規定に即して判断させるべきであろう。条文から離れてしまった判例は是正されなければならない。

(2) 不親切な最高裁判例

① 「(なお、所論の点に関する原判決の判断は、相当である)」(最決昭41・4・14判時449号64頁)。これが、公務執行妨害罪における公務の適法性について、客観説のうち行為時標準説を採用したのではないかとされている判例である。たしかに原判決と上告趣意を見れば内容は理解できるし、当該事案についての上告棄却決定である以上、それで特に問題はないようにも思われるが、重要な論点について全く内容に触れないのでは不親切きわまりない。せめて原判決のどの部分が相当なのか、たとえ原判決の繰り返しになったとしても明示すべきであろう。この種の不親切は枚挙にいとまがない。

② 判断内容が示されていても不親切な最高裁判例は多い。たとえば、大阪南港事件決定 (最決平2・11・20刑集44巻8号837頁) で、最高裁は、「犯人の暴行により被害者の死因となった傷害が形成された場合には、仮にその後第三者により加えられた暴行によって死期が早められたとしても、犯人の暴行と被害者の死亡との間の因果関係を肯定することができ、本件において傷害致死罪の成立を認めた原判断は、正当である」と判示したが、なぜ因果関係が肯定されるのか理由が示されていない。これだけでは、数時間後には死亡するような重傷を負わされた被害者が、病院に運ばれる途中に救急車の交通事故で死亡したような場合にも、傷害と死亡の間に因果関係が肯定されることになりかねない (これは明らかに不当である)。

③ 早すぎる結果発生が問題になったクロロフォルム事件決定

（最決平16・3・22刑集58巻3号187頁）もそうである。最高裁は、「第1行為は第2行為に密接な行為であり、実行犯3名が第1行為を開始した時点で既に殺人に至る客観的な危険性が明らかに認められるから、その時点において殺人罪の実行の着手があったものと解するのが相当である」と判示した。しかし、これでは実行行為、故意、因果関係の錯誤のいずれが問題なのか明らかでない。判決の事実認定がクロロフォルム吸引による死亡とされている以上、この事件は客観的にはクロロフォルムによる殺人事件あって（この点について未必的であっても故意があれば当然に殺人既遂となる）、最高裁が第1行為に実行の着手を認めるのは、もっぱら主観面で、殺人予備の目的ではなく、殺人の故意（「その行為＝実行行為」による死の予見）を肯定するためである。すなわち、「クロロフォルムを嗅がせてから車を海中に転落させ溺死させるという一連の行為」を実行行為とすることによってはじめて、「その行為」による死亡という殺人の故意が認められ、因果関係の錯誤に過ぎないとしうるからなのである。

④　同じような不親切は、自招侵害に関する最近の決定にも見られる（最決平20・5・20刑集62巻6号1786頁）。被害者Aを殴打して逃げた被告人をAが追いかけて暴行を加えたのに対し、反撃したという事件につき、最高裁は、「Aの攻撃は、被告人の暴行に触発された、その直後における近接した場所での一連、一体の事態ということができ、被告人は不正の行為により自ら侵害を招いたものといえるから、Aの攻撃が被告人の前記暴行の程度を大きく超えるものでないなどの本件の事実関係の下においては、被告人の本件傷害行為は、被告人において何らかの反撃行為に出ることが正当とされる状況における行為とはいえない」と判示した。しかし、これでは、正当防衛の要件のうちどれかを否定したのか、その要件の存在を肯定

しつつ正当防衛を否定したのか明らかでない。もし、刑法36条の要件は充たしているが正当防衛を認めるべきでないというのであれば、その理由を明示すべきである。もっとも、被告人に有利な規定につき、法定の要件を充たしているにもかかわらずその適用を認めないのは、罪刑法定主義に反する疑いがある。

⑤　日本語であるにもかかわらず「最高裁決定の真意は何か」をあれこれと忖度しなければならないような事態は適切でない。上告棄却決定の「なお書き」は判例ではないともいえるが、下級審は実際上それを重視して判断せざるをえないのであり、裁判員裁判において「法令の解釈」として裁判官が説示する内容にもなる。最高裁は、下級審判例や主要な学説を参照し理由を示した親切な判決や決定がなぜ書けないのであろうか、労力の問題だけではないように思われる。

(3) 刑事判例と憲法判断

①　本号には、ポスティングに関する2つの判例解説が掲載されている。第1は、いわゆる葛飾マンション立入事件についての最高裁判決（最二小判平21・11・30）であり、葛飾区にある7階建てマンションに立ち入り、7階から順次各部屋のドアポストに日本共産党のビラを投函した行為が、住居侵入罪に当たるとされた。

第2は、いわゆる世田谷事件についての東京高裁第6刑事部判決（東京高判平22・5・13）であり、厚生労働省大臣官房統計情報部社会統計課長補佐として勤務する職員（厚生労働事務官）が世田谷区の警視庁職員住宅の1号棟ないし4号棟の各集合郵便受けに日本共産党の機関紙を投函した行為が、国家公務員法違反（政治的行為の禁止違反）で有罪とされた。

② 前者については、すでに立川自衛隊宿舎立入事件の最高裁判決（最二小判平20・4・11）において、同様の行為が「管理権者の意思に反するものであった」として有罪とされており、同じ第二小法廷の判決として予想の範囲内であったともいえる。

しかし、ポスティング（ビラ配布）は、各種宣伝ビラ（ピザの宅配や新築マンションの案内など）の配布に見られるように、日常的に行われている行為であり、それらが住居侵入罪で起訴されたことはない。それにもかかわらず、ビラの内容が「自衛隊のイラク派兵反対！」であったり日本共産党のビラであったりすると、逮捕・起訴されて有罪とされているのであり、一定の政治的意図を持った弾圧事件と受け止められるのも当然といえよう。

ビラの配布は、憲法上国民に保障されている表現の自由の行使であり、それを（ビラ配布自体を処罰できないからといって）住居侵入罪で処罰するのは、住居侵入罪を治安法として運用するものであって、端的に憲法違反と解すべきであろう。「管理権者の意思に反する」ことのみで犯罪となるのは、正当な退去要求があった場合における不退去罪に限られるべきであり、さらに自衛隊宿舎やマンションの敷地や共用部分は住居の一部か邸宅かといった議論は、本件に関するかぎり、問題を矮小化するものと言わざるをえない。

③ 後者については、社会保険事務所に勤務する職員（厚生労働事務官）が、日本共産党の機関紙等を都内の集合住宅の居室等の郵便受けに配布したという、本件とほぼ同様の事件（いわゆる堀越事件）につき、すでに東京高裁第5刑事部が無罪判決を下している（東京高判平22・3・29）。裁判長の名前をとって第5刑事部判決は中山判決、第6刑事部判決は出田判決と呼ばれている。

出田判決が、いわゆる猿払事件最高裁大法廷判決（最大判昭49・11・

6) の多数意見をほぼ踏襲しているのに対し、中山判決はその見直しを迫るものであり、いずれも上告されているので、いずれ最高裁の判断が下されることになる。

　この問題については、国家公務員法における政治的行為の禁止規定自体が、端的に違憲無効とされるべきであろう。公務員であっても、国民として政治活動の自由を有することは憲法19条・21条から導かれる当然の帰結であって、その濫用に対処するために、刑法は職権濫用罪(193条)や収賄罪(197条以下)の規定を置いているのである。猿払事件大法廷判決の少数意見が、政治的行為の禁止自体は合憲としたうえで刑罰による禁止を違憲としたことや、中山判決が、具体的事件において行政の政治的中立性を害しないとして無罪にしたことは、高く評価すべきであるが、そのことと本来は国家公務員法の規定自体を違憲無効とすべきであったということとは別論である。

　④　住居侵入罪を治安法として運用し、国家公務員法が政治弾圧に利用されるといった事態は、国民の自由を切り詰め、日本における民主主義を破壊することへと導く。最高裁判所は、憲法の番人として、そのような事態を阻止する任務を負っている。最高裁は、何のために憲法が違憲審査権を与えているのかを原点に立ち返って考えてほしい。刑法関係の判例解説は、構成要件の解釈やその具体的事件への適用に限定されがちであるが(もちろんその重要性を否定するものではなく、そのように依頼する場合もある)、読者は、それに先立って憲法判断の是非が問題になることに留意されたい。

速報判例解説・刑法 (2010年〜2011年)

9　私と立命館から私の立命館へ

　私と立命館との関わりは、1969年4月に遡ります。当時、私は京都大学大学院修士課程で刑事法を専攻していましたが、その年、幾つかの偶然が重なり、立命館大学の佐伯千仭先生が、非常勤で大学院の刑法の演習を担当して下さることになりました。毎週1回、当時立命館大学のあった御所の近く広小路の佐伯研究室に伺いました。それが、私の研究者としての原点であり、その意味では、私の学者生活は立命館の佐伯研究室から始まったといっても過言ではありません。

　関西には、戦後、佐伯先生が創設された「刑法読書会」があり、月例で研究会が行われてきました。その事務局は、歴代、立命館の刑事法関係の教員・大学院生が担ってきました。この刑法読書会は、研究者としての私のいわば生みの親であり、現在も活発に活動しています（毎月第一土曜日に朱雀キャンパスで開催され、夏には合宿、年末には集中研究会が行われています）。立命館の刑事法スタッフは、皆、刑法読書会の先輩・同輩・後輩達であり、長い付き合いを重ねてきました。

　私は、1980年4月に関西大学から大阪市立大学に転職しましたが、1994年度から非常勤で立命館の刑法の授業を担当することになりました。私の大先輩であり、立命館の非常勤を長く勤められ、一時は大阪市立大学の同僚でもあった中山研一先生とともに、半ば立命館のスタッフのように扱っていただいてきました。途中、役職や留学で途切れることもありましたが、昨年度までほぼ継続して勤めさせていただきました。

　そしてこの4月、いよいよ28年間在職した大阪市立大学を退職

して立命館大学に奉職させていただくことになったわけです。立命館との長い関わりを経て、今や立命館は私の立命館になりました。そうなりますと、今まで気にならなかったことが気になり、もっと良い大学になって欲しいという気持も湧いてきます。一例だけを挙げることにします。

長い非常勤の間、立命館の学生諸君は、大教室でも私語はほとんどなく、気持よく講義ができる状態で推移してきましたが、昨年、はじめて講義中に私語が止まらない事態が生じました。法学部の学生が、授業中に私語で周りに迷惑をかけることを何とも思わないようでは、それだけで法学部生失格といわざるをえません。当初は、そのことに自分で気がつくか学生同士で注意をし合って解決されるものと思っていましたが、授業アンケートの回答の中に、私語対策はもっぱら教師の仕事であり、それができないようでは教師失格という記述があり、驚きました。たしかにそういう時代になったのかもしれないと思いながらも、一抹の淋しさを感じました。

私の抱いてきた立命館のイメージは、学生諸君が元気で、立命館の学生であることに誇りを持ち、教職員が一体となって民主的な学風を維持しているというものです。それが幻想でないことを願いつつ、私も、微力ながらその一翼を担っていきたいと思っておりますので、どうぞ宜しくお願いいたします。

立命館ロー・ニューズレター No.54（2008年）

10　共同代表就任にあたって

(1) はじめに

2015年1月から、これまで共同代表を務めてこられた石松竹雄先

生に代わって、「陪審制度を復活する会」(以下、「本会」といいます)の共同代表を引き受けることになりました。今後は、石田文之祐先生と共同して本会のお世話をさせていただくことになります。

石松先生は、2015年3月28日にめでたく90歳(卒寿)を迎えられます。ますますお元気で、私から見ますと、共同代表を継続されることに何の問題もないのですが、ご本人のたってのご希望で、交代することになった次第です。

私は、大学院修了後、関西大学に9年間、大阪市立大学に28年間、在職しましたが、2008年4月から立命館大学の法科大学院(ロースクール)で刑法を担当しています。

この度、しばらく公刊されていなかった「陪審制度への道」を発刊することになり、ご挨拶を兼ねて、拙文を載せていただくことにしました。

(2) 私と「陪審制度を復活する会」

本会は、故佐伯千仞先生が中心となって、1995年(平成7年)に結成されました。当時は、国民の司法参加の形態として、英米法型の陪審制を採用すべきか、ドイツ法型の参審制を採用すべきかの議論が盛んでした。佐伯先生は、日本の陪審法は、戦争の終了後、当然に復活されるべきであったにもかかわらず放置されてきたのであり、これを改良して復活するのが筋であると主張され、研究者、実務家のみでなく一般市民の方も参加する団体として、本会を発足させたのです。1998年10月の大阪弁護士会でのシンポジウム「国民の司法参加——陪審制か参審制か」において、参審制を主張する平野龍一先生との「三百大言」論争は、今も語り草になっています

本会は、樺島法律事務所の全面的な支援の下に、現在まで20年間、

佐伯先生ご逝去の後は、下村幸雄先生、次いで石松先生が代表となられ、その後、石田先生が共同代表となられて、維持されてきました。私も当初から本会の会員でしたが、他の行事や仕事と重なり、なかなか例会にも参加できない状態が続いていました。

(3) 私と佐伯先生

私は、1969年、京都大学の修士課程1年の時、佐伯先生がたまたま非常勤として1年間だけ学部および大学院の講義を担当された機会に、直接ご指導を受けました。その後、京都の刑法読書会や大阪の刑事訴訟法研究会（いずれも戦後、佐伯先生が発足させたものです）に参加し、長年にわたって公私ともにご指導いただきました。

そのようなこともあって、1987年には、佐伯先生が80歳になられる機会に、井戸田侃先生と私とでヒヤリングを行うことになり、佐伯・井戸田法律事務所で、先生のご誕生（1987年12月11日）から現在までのお話を伺いました。その記録は、先生没後の2011年に『疾風怒涛　一法律家の生涯——佐伯千仭先生に聞く——』（成文堂）として出版されました。この出版が、ご逝去（2006年9月1日、享年98歳）の後になった次第は、同書のはしがきに書いてあります。

最近は、信山社の渡辺左近社長の肝いりで『佐伯千仭著作選集』全6巻が出版されることになり、井戸田先生、久岡康成先生と共同編集に当たってきました。その第1巻は、現在発売中です。

以上のような次第で、石松先生から、佐伯先生のご遺志を嗣いで本会の共同代表に就任するようにというお話があったとき、思い切ってお引き受けすることになったのです。

(4) 陪審制と裁判員裁判

　陪審制か参審制かという議論の当時、私は、職業裁判官のみによる刑事裁判の下で冤罪が多発する日本の状態は最悪であり、国民の司法参加がその抜本的改革の切掛けになるものと考えていました。冤罪の根本原因は、警察の取り調べにおける自白の強要にあり、それを改革しなければ根本的な解決にはならないのですが、国民の司法参加により公判において心証を形成することになれば、警察・検察の供述録取書（自白調書）は証拠価値がなくなり、取調べの改革に繋がるものと考えたのです。そのためには、参審制よりも陪審制の方がはるかに適切という考えでした。

　ところが、司法制度改革審議会における議論の末、2004年（平成16年）に成立したのは裁判員裁判でした。2009年5月から施行されましたので、約6年を経たことになりますが、すでに多くの問題点が指摘されています。

　裁判員裁判の場合、裁判員（通常は6名）は、「事実の認定」「法令の適用」「刑の量定」を職業裁判官（通常は3名）との合議によって行うことになっています。

　アメリカの陪審制では、陪審員は一般市民から無作為抽出で選任され、裁判に1回限り関与します（ここまでは裁判員裁判と同じです）が、職業裁判官とは独立に陪審員のみで事実認定を行い、量刑は職業裁判官に委ねられています（多くの州では死刑の判断のみは陪審員に委ねられています）。一般市民が参加しますので、連日開廷が原則です。

　他方、ドイツの参審制では、参審員（通常は2名）は、職業裁判官（通常は3名）と一緒に事実認定も量刑も行いますが、参審員は、地方議会で選出された一種の名望家で（名誉裁判官と呼ばれています）、一定期間（通常は4年間）、刑事裁判に関与します。審理期間が制限される

こともありません。

　無作為抽出で選任された一般市民が、1回限り刑事裁判に関与するのに、職業裁判官と一緒に、事実認定だけでなく量刑も行うという、日本の裁判員裁判は、きわめて変則的なものなのです。

(5) 裁判員裁判の問題点

　裁判員裁判は、一定の重大な事件について例外なく適用されます。陪審制では、被告人は、陪審裁判を受けるか職業裁判官の裁判を受けるかを選ぶことができます。国民は陪審裁判を受ける権利を有しているのです。これに対して、裁判員裁判では、被告人は裁判員裁判を受ける義務しかありません。私は、すべての刑事事件について、被告人に裁判員裁判を受けるか否かの選択権を認めるべきだと考えています。

　裁判員裁判が始まっても、捜査機関は、これまでの取調べ中心の捜査を改めようとする気配はありません。それは、被告人の供述書・供述録取書について、自己に不利益な事実の承認を内容とするもの（とりわけ自白調書）に証拠能力を認めるという刑事訴訟法322条の規定がそのままになっているからです。自白調書が公判で使用できるのであれば、公判で被告人が否認する事態に備えて、捜査機関が自白調書を用意しておこうとする態度は改まりません。裁判員裁判が始まる前に、この規定は削除されるべきだったのです。

　法制審議会の「新時代の刑事司法制度特別部会」は、裁判員裁判の対象事件について、取調べの録音・録画（可視化）を立法化することにしましたが、被疑者・被告人に取調べを受ける義務があるという考え（取調受忍義務）を改めてはいません。実務では、否認する容疑者を重要参考人として連行し（任意同行と呼ばれますが拒否するのは至難

です)、厳しく尋問して自白が得られるとはじめて逮捕するということが行われています。録音・録画の対象になるのは、逮捕されて被疑者となった段階の後ということになります。議論は、取調受忍義務を否定するところから始めるべきだったのです。

　裁判員と職業裁判官とが一緒に合議する裁判員裁判では、素人の裁判員が職業裁判官に太刀打ちするのは至難の業です。そのことは、相変わらず刑事裁判における無罪率が極端に低いことに顕れています (2012年は82件で全事件の0.02%、2013年は122件で全事件の0.03%)。裁判員裁判の特徴が現れてきているのは、量刑の分野です。とくに性犯罪の分野では厳罰化が進んでいます。

　同じような事件で量刑に極端な差が生じていることも問題になっています。最近 (平成26年7月24日)、最高裁判所は、児童虐待による幼児の死亡が問題になった傷害致死の事件において (弁護人は無罪の主張をしていました)、被告人 (父親・母親) に対し、検察官が懲役10年の刑を求刑したにもかかわらず、懲役15年の刑を言い渡した裁判員裁判 (大阪地裁)、それを維持した高裁判決 (大阪高裁) を破棄し、あらためて父親に懲役10年、母親に懲役8年を言い渡しました。

　そこで強調されているのは、裁判官が量刑のあり方について、裁判員に充分な説明をして、それに従って判断させるべきだということですが、実は、そうするとますます裁判官が主導することになって、裁判員裁判の趣旨に反するということになるのです。

(6) おわりに

　裁判員裁判については、死刑事件の問題、検察官控訴の問題、裁判官の説示の問題、評議・評決の問題など、他にも沢山の問題点があって、挙げていくと切りがありません。それらの問題点が顕著に

なればなるほど、（職業裁判官のみの裁判に戻ることは考えられませんので）やはり「陪審制の復活」という方向に向かわざるをえないと、私は考えています。その日が来るまで、またその日が一日でも早く来るように、「陪審制度を復活する会」の活動を継続し、発展させていきたいと思います。会員の皆様の一層のご協力をお願いいたします。

陪審制度を復活する会『陪審制度への道』11 号（2015 年）

11 『陪審裁判を復活する会』と石松先生

　立命館大学の浅田でございます。この 1 月から、石松先生と交代しまして、「陪審制度を復活する会」の共同代表をさせていただいております。

　「陪審制度を復活する会」自体は、皆さまご承知と思いますが、佐伯先生が代表になられて 1995 年に結成された市民も含めた団体です。その前に、東京の方で伊佐千尋さんや後藤昌二郎さんが、「陪審制度を考える会」を作っておられて、その流れも汲んで作られたのですが、発足から今年で丁度 20 年になります。石松先生は、2001 年から佐伯先生とお二人で共同代表をしてこられ、佐伯先生が 2006 年に亡くなられてからは、医師の石田文之祐さんとご一緒に、去年の末まで共同代表を続けてこられました。

　陪審制について石松先生はどう考えられておられたのかということですが、石松先生のこの本、『刑事裁判の空洞化』（1993 年、勁草書房）の中に、1989 年に北大で講演された記録が入っています。「我が国の刑事被告人は、裁判官による裁判を本当に受けているのか」と言う表題の講演です。その中で陪審制に触れておられて、そこでは、「精密司法あるいは調書裁判と言う捜査裁判実務の根本的改善には、

立法上の措置が必要であります。この点にまで詳しく触れる余裕はありませんが、根本的改革のために陪審制度など民衆参加の裁判制度をとるしかないと言う意見もあります。確かに、これらの制度の採用によってしか改革はできないのかもしれません。しかし、これらの制度を採用する場合、肥大化した捜査体制と捜査の実体をそのままにしておいたのでは事態はかえって悪くなります。決して、改善の見込みはない、ということに十分配慮しなければなりません」と述べておられます。

　もう1つ、1990年に書かれた「裁判官から見た我が国の刑事裁判」という論文が、この本の中に入っています。そこでも、調書裁判を批判して、公判中心主義を実現すべきである、ということが強調され、陪審・参審等の市民参加を認めるべきであると言われています。「私も、司法が市民参加という形態で民主的基盤を持つことを大望する者の1人であり、陪審法が戦時立法により、一時的にその施行を停止されたものであるという異常な事態は、早急に改められなければならないと考えます」と言われつつ、緊急の課題は、ともかく、公判中心主義の実現であるということで、当時はまだ参審・陪審の議論がそんなに活発になっていない時代でしたので、それよりは、現実の公判中心主義、調書裁判からの脱却、あるいは捜査の改革ということが急務だという風に、言っておられたわけです。

　その後、2004年に裁判員法が制定されて、2009年から実施されているわけですが、裁判員法の審議中の2003年、『季刊刑事弁護』35号に、「飾り物だけの国民参加にならない為に——裁判員制度設計上の最低条件」という論文を書いておられます。レジュメに引用しましたが、「筆者は、基本的に陪審制度を支持する。と言っても、何も陪審制度を新設すべきであると主張しているのではない。現在あ

る陪審法に、現行憲法及び刑事訴訟法法規に適合するようにする為の最小限の改正を施し、現行法である陪審法の停止に関する法律の規定している通りに、速やかに陪審法を施行すべきである、という法治国家の国民として当然のことを言っているに過ぎない」と述べられています。そのあと、陪審法についてのお話があり、裁判員裁判については、無作為抽出で選ばれる裁判員は、事実の認定と有罪無罪の認定の分野に限定すべきである、裁判員法は量刑までさせているが極めて問題がある、対象事件は否認事件に限るか、被告人に選択権を認めるべきであると言っておられます。実際には、重大事件に限って、裁判員裁判を受ける義務が課せられているのが現状です。さらに、裁判員の数については、2人、3人から、あるいは9人、11人という案まで色々あったわけですが、陪審的な裁判員制度ということを念頭におくと、9人ないし11人とすべきであると言っておられます。現在は6人になっています。評決も全員一致ないしそれに近いものとすべきであり、何よりも、捜査の姿勢が根本的に改められる必要があると言っておられて、将来の陪審制の採用に向けての足場になるような制度が作られ、飾り物だけの国民参加にならないことを切望すると述べて、論文を閉じておられます。

その後、2004年に裁判員法ができ、それを受けて書かれましたのが、2005年の『法と民主主義』399号の論文で、「裁判員法刑事訴訟法一部改正批判」という表題であります。予想していた通りであるが、出来上がった裁判員法は、国民の刑事司法に対する主体的、自主的参加の実現には程遠いものである、将来の陪審制度の実現への展望は全く見られない、そればかりでなく、裁判員法と抱き合わせに作られた改正刑訴法は、現在、公判中心主義、集中審理の実現を困難にしている原因を正確に究明して対策を講ずることなく、裁判

員の関与を梃として闇雲に争点整理と集中審理を強行し、我が国の刑事司法の無辜の不処罰機能をいよいよ喪失させようとしている、と書かれています。

結局、裁判員裁判あるいは裁判員法の色々な問題点を詳しく検討していくと、やはり陪審しかないということになるのではないか、と私も考えております。そういうこともありまして、石松先生からお話があったとき、後をお引き受けすることになった次第です。2004年4月から「陪審制度を復活する会」の機関誌『陪審員制度への道』が発刊され、10号まで来たのですが、暫く止まっております。それを再発行しようということ作業を進めておりまして、まもなく皆さまに第11号をお届けできる予定です。

「陪審制度を復活する会」は、発足時から今日までずっと樺島事務所のあせわになってきました。今日は樺島先生も来ておられますので、一言お願いできればと思います。

大阪刑事訴訟法研究会
「石松竹雄先生卒寿記念シンポジウム」近代法学63巻3・4号（2016年）

著者紹介

浅田和茂 (あさだ かずしげ)

　1946年　北海道美唄市に生まれる
　1971年　京都大学大学院修士課程修了
　現　在　立命館大学大学院法務研究科教授

主要著書

『刑事責任能力の研究』（成文堂、上巻1983年、下巻1999年）
『科学捜査と刑事鑑定』（有斐閣、1994年）
『刑法総論』（共著、改訂版、青林書院、1997年）
『刑法各論』（共著、補正版、青林書院、1999年）
『現代刑法入門』（共著、第3版補訂、有斐閣、2014年）
『レヴィジオン刑法1 共犯論』（共著、成文堂、1997年）
『レヴィジオン刑法2 未遂犯論・罪数論』（共著、成文堂、2002年）
『レヴィジオン刑法3 構成要件・違法性・責任』（共著、成文堂、2009年）
『刑法総論』（成文堂、初版2005年、補正版2007年）

遠ざかる風景　私の刑事法研究

2016年10月1日　初版第1刷発行

著　者　浅　田　和　茂
発行者　阿　部　成　一

〒162-0041　東京都新宿区早稲田鶴巻町514
発行所　株式会社　成　文　堂
電話03(3203)9201(代)　Fax 03(3203)9206
http://www.seibundoh.co.jp

製版・印刷　三報社印刷　　　　製本　弘伸製本
☆乱丁・落丁本はおとりかえいたします☆　検印省略
© 2016 K. Asada　　Printed in Japan
ISBN978-4-7923-7106-7　C3032

定価(本体1,800円＋税)